Widmung

Ich widme dieses Buch meinem Partner und meiner Familie. Den Menschen also, die mich immer wieder unterstützt und vor allem ermuntert haben den Traum vom eigenen Buch tatsächlich in die Tat umzusetzen.

Ein ganz besonderer Dank geht an meine liebste Freundin – meine Seelenschwester – die mir in all den Jahren schon so oft eine wertvolle Stütze war und mich immer wieder darin bestärkt hat meinen ureigenen Weg weiter zu gehen. Und sie beschenkt mich auch immer wieder mit ihrem fotographischen und kreativen Talent. So habe ich ihr dieses wundervolle Buchcover mit dem kraftvollen Titelbild zu verdanken. Es ist ein Geschenk einen solch wundervollen, einzigartigen und begabten Menschen an meiner Seite zu wissen.

Doch noch sehr viel mehr widme ich dieses Buch meinen Tieren, der Natur und der geistigen Welt. Denn sie waren und sind es, die mir all diese Weisheiten geschenkt haben und mir auch heute noch stetig Neues vermitteln, aufzeigen und erklären.

Patricia Wegmann

Wolfsgeist
Weisheiten des Lebens

Bibliografische Information der Deutschen Nationalbibliothek: Die Deutsche Nationalbibliothek verzeich-
net diese Publikation in der Deutschen Nationalbibli-
ografie; detaillierte bibliografische Daten sind im
Internet über http://dnb.dnb.de abrufbar.

© 2017, Patricia Wegmann

Illustration & Buchcover:
Manuela Feldmann, www.love-fotografie.ch

Herstellung und Verlag:
BoD – Books on Demand, Norderstedt

ISBN: 978-3-74312-735-7

Inhaltsverzeichnis

Einleitung 9

Wie das Innen unser Aussen bestimmt… 11

Zur rechten Zeit am rechten Ort 16

Das Leid des Vergleichens… 20

Fokus… 25

Veränderung und Loslassen… 31

Einige Gedanken zu Gesundheit und Krankheit 34

LEBEN! 37

Der stille Beobachter… 40

Den Blick nach Innen richten… 43

Die Fabel von den Fröschen... 47

Da-Sein.. 51

Wie trittst Du dem Leben gegenüber? 55

Sei Dir selbst Dein bester Freund! 59

Dankbarkeit – der Schlüssel zu innerem Reichtum 61

Herbstgedanken 64

Kurzgeschichte zum Abendausklang................................ 66

Fliegen lernen… 67

Die Sache mit der vermeintlichen Kontrolle…................. 68

Seelentürchen.. 70

Schenke der Welt ein Lächeln und sie lächelt zurück… 71

- Die inneren Kriege 73
- Liebe bedeutet… 74
- Veränderung 75
- Das ist Dein Spiegelbild - das bist Du!? 76
- Dunkle Wolken 77
- Wachstum 78
- Deinen Körper lieben 80
- Gibt Deinem Verstand eine Aufgabe! 81
- Limitierungen 83
- Getrennt sein 84
- Be- & Verurteilungen 85
- Herausforderungen 86
- Die Stimme Deiner Intuition 87
- Nacheifern 88
- Wer zu sich selbst findet, der findet zu Gott… 89
- Im Jetzt ankommen 91
- "Das Leben macht keinen Sinn" 92
- Innerer Frieden 94
- Mantra des Tages: "Ich habe genug, ich habe alles, was ich brauche" 96
- Mantra des Tages: "Ich glaube an Wunder!" 97
- Mantra des Tages: "Ich erhebe nicht länger den Anspruch - weder an mich, noch an Andere - perfekt zu sein!" 98

Mantra des Tages: "Ich liebe um der Liebe willen!" 99

Mantra des Tages: "Ich lasse los, was gehen möchte!" .. 100

Mantra des heutigen (Vollmond-)Tages: 102

Die Kraft der Elemente nutzen: Feuer 103

Schöpferbewusstsein vs. Schicksal 104

Aus dem Kapitel: Von der Relativität von "gut" und "böse"... 106

"Reiss Dich zusammen!" 107

Perspektivenwechsel 108

Glaube an Dich und Deine Träume! 109

Verborgenes Potenzial 110

Sturzflug 111

Ent-Täuschung 113

Die Geschichte von Jesus mal anders betrachtet... 114

Die grosse Krankheit der heutigen Zeit 117

Eine weitere Krankheit des modernen Menschen 119

Wir sind alle gleich! 121

Annahme 122

Das Leben in Zyklen betrachten 124

Ankommen??? 126

Der Ursprung des Leidens 127

Channelings – Tiere & Natur 129

Channelings – geistige Welt 138

Kontakt 152

Einleitung

Liebe Leserin, lieber Leser

Ich freue mich, dass Du mein erstes Buch in Deinen Händen hältst. Und wünsche Dir, dass der Inhalt dieses Buches Dich nicht nur zu inspirieren vermag, sondern Dich auch innerlich wachsen lässt.

Im Jahre 2012 fing für mich ein neuer Lebensabschnitt an. Denn damals ging ich mit meiner Homepage www.wolfsgeist.ch online und begann meine mediale, spirituelle und beratende Tätigkeit für Mensch und Tier öffentlich anzubieten.

Von Anfang an veröffentliche ich auf meiner Seite auch eigene Texte und Channelings. Anfangs noch in Form von Kolumnen, später wechselten die Einträge auf den Social-Media-Kanal von Facebook.

Dieses Buch ist ein Sammelwerk dieser Texte von Anfang 2012 bis Ende Februar 2017, also über ziemlich genau 5 Jahre hinweg.

Das Buch endet mit einigen Channelings, die ursprünglich aus den Anfängen meines neuen Weges stammen. Und so wird aus einem ursprünglichen Anfang nun im Rahmen dieses Buches ein Abschluss.

Die Reihenfolge der jeweiligen Texte hat also keinerlei bewusste Absicht oder spezifische Logik.

Du kannst dieses Buch, wie jedes andere Buch, von Anfang bis Ende durchlesen oder aber auch intuitiv eine Seite aufschlagen und schauen, welcher Text Dich gerade in diesem einen Moment berühren möchte.

Los geht's – Ich wünsche Dir viel Freude beim Lesen!

Herzlichst
Patricia

Wie das Innen unser Aussen bestimmt...

Als Einführung in dieses vielschichtige Thema, möchte ich mit einigen Beispielen beginnen, welche Dich darauf einstimmen sollen, die Wirklichkeit/Realität nicht als fix gegeben anzunehmen: Angenommen Du zeigst verschiedenen Personen ein und dasselbe Bild, so wirst Du feststellen, dass jeder darin etwas Anderes erkennen wird. Viele mögen dasselbe sehen, doch es wird immer einzelne Personen geben, die etwas völlig Anderes in diesem einen Bild erkennen.

Genauso verhält es sich mit unserer sogenannten "Realität". Das Aussen zeigt sich Dir so, wie Du es in Deinem Inneren definierst bzw. interpretierst. Das Aussen selbst (das Bild) ist nicht definiert und somit abhängig von unserer Wahrnehmung und Interpretation...

Dass die Realität relativ ist und wir mit unseren Sinnen sowieso nur begrenzt die "Wirklichkeit" erleben können, zeigt sich auch in optischen Täuschungen. Eines der eindrücklichsten Beispiele ist wohl der bekannte Kurzfilm, in dem der Zuschauer gebeten wird die Bodenkontakte eines Basketballs innerhalb einer Spielergruppe zu zählen. Während der unwissende Zuschauer hochkonzentriert die Bodenkontakte zählt, bemerkt er gar nicht, wie ein Mensch in einem Gorillakostüm durch die Gruppe läuft.

Gerade solche optischen Täuschungen zeigen deutlich wie eingeschränkt unser meist genutzter Sinn - der Sehsinn - doch ist. Neigt unser Gehirn doch dazu das Bild zu interpretieren und so die vermeintliche Realität basierend auf neuronalen Mustern, welche gelernt, anerzogen, ja vielleicht sogar genetisch bedingt sein mögen, zu erschaffen.

Dies ist - bezogen auf unsere Sinneswahrnehmungen - Thema der Gestaltpsychologie.
Nicht umsonst waren wohl die Gestaltpsychologie, sowie die Neuropsychologie meine Lieblingsvorlesungen damals an der Uni - da begegnete man Themen und Zusammenhängen, über die man danach noch stundenlang philosophieren konnte. Und am Ende war alles scheinbar Reale irgendwie so gar nicht mehr real - und dies sogar basierend auf wissenschaftlich anerkannten Zusammenhängen und für ein Mal so ganz ohne Esoterik ☺

Doch zurück zu unserem Thema: Wir interpretieren nämlich nicht nur Gesehenes, sondern eben auch Erlebtes.

Ein Beispiel: Wenn Du in Deinem Inneren davon überzeugt bist ein Versager zu sein, dann werden Dir Tag für Tag Menschen und Umstände begegnen, die Dir genau dieses Gefühl bestätigen werden - oder anders gesagt: Du wirst dies in Situationen unbewusst (!) hinein interpretieren. Denn auch hier gilt: Die Situation selbst ist an sich wertfrei - wir sind es, die Situationen, Umstände, Erlebnisse, etc. bewerten. Dein Gehirn ist auf diese vermeintliche Wahrheit durch Ihre eigenen Muster regelrecht getrimmt und so kann es nur das wiedergeben, was es kennt bzw. das was es für wahr hält... Dabei verpasst Du jedoch möglicherweise Wesentliches - genauso wie die Zuschauer im oben erwähnten Experiment den Gorilla nicht sehen. Es ist alles eine Frage des Fokus....

Versuche einmal bei Angelegenheiten, die Dich emotional treffen, innezuhalten bevor Du darauf reagierst. Beobachte das Gedankenkino, das in Dir scheinbar ohne Dein Zutun direkt nach einer solchen Situation abläuft. Tritt dann aus der Situation heraus und bewerte sie neu!

An dieser Stelle möchte ich Robert Betz, dessen Bücher und Vorträge mich in vielerlei Hinsicht stark geprägt haben, zitieren: "Was dich innerlich/emotional trifft, das betrifft dich auch." Du hast nun also die Wahl – möchtest Du weiterhin im Aussen bleiben und Dich als Opfer der Umstände betrachten? Oder übernimmst Du die Verantwortung für Dein Leben, Dein Denken, Dein Fühlen, Deine Wahrnehmungen und kehrst so zurück zu Dir selbst und bewertest die Situation dann möglicherweise sogar neu? Frage Dich, was Du zu verlieren hättest oder was Dich daran hindert eine Situation für Dich selbst neu zu bewerten...

Ich möchte Dich daran erinnern, dass wir immer eine Wahl haben, wie wir auf etwas im Aussen reagieren. Wir können das, was uns widerfährt nicht immer steuern oder kontrollieren. Aber wir können jederzeit neu wählen, wie wir darauf reagieren möchten.

Wir können uns unseren unbewussten Denkmustern hingeben und uns dadurch ständig eine sich wiederholende, scheinbar fixierte, Realität erschaffen. Oder aber wir können unser Bewusstsein (bewusstes Sein) schärfen und uns beobachten, Situationen neu bewerten und für uns eine völlig neue Interpretation entdecken, eine die uns wohlwollender und förderlicher ist. Dies ist Schöpfung – dies ist die Freiheit des Seins.

Das Innen ist nicht abhängig vom Aussen, Du bist der Captain Deines Bootes und niemand sonst! Werde zum bewussten Erschaffer Deiner eigenen Realität.

Was sich uns im Aussen zeigt, enthält meist unglaublich viele Informationen darüber, wer wir sind bzw. zu sein glauben.

Es ist Deine REAKTION auf eine Situation und nicht die Situation an sich, welche diese wertvollen Informationen über Dich selbst in sich trägt...

Dies als kleine Einführung in dieses komplexe, aber ebenso faszinierende Thema der "Wirklichkeit" und der Wichtigkeit unseres Fokus. Ich werde später noch weiter darauf eingehen.

Zur rechten Zeit am rechten Ort

Ich glaube wir alle kennen den Ausspruch "zur rechten Zeit am rechten Ort".

Dieser wird immer dann genutzt, wenn jemand wie zufällig eben genau zur rechten Zeit am rechten Ort war und deshalb etwas Wunderbares in seinem Leben entstehen durfte.

Doch schaut man genauer hin, so erkennt man, dass die Nutzung dieser Aussage automatisch impliziert, dass das eine Ausnahme sein muss. Dass wir also sonst kaum zur rechten Zeit und am rechten Ort seien und wenn dann nur ganz selten.

Doch was wäre, wenn wir davon ausgehen würden, dass wir immer zur rechten Zeit am rechten Ort wären? Was würde das bewirken, wenn wir einfach annehmen würden, dass alles in unserem Leben seine absolute Richtigkeit hat genau so wie es sich in jedem einzelnen Moment zeigt?

Sage einmal laut oder in Gedanken zu Dir selbst "Ich bin genau zur richtigen Zeit am richtigen Ort und tue genau das Richtige" und lasse es mal auf Dich wirken...

Spürst Du den inneren Widerstand?

Etwas, das Dir erklären will, dass das doch gar nicht möglich sei?

Und dann komme ich und behaupte: "Doch, es stimmt: Du bist genau da, wo Du sein solltest und Du bist genau richtig, so wie Du bist".

Wenn wir uns mit diesem Thema auseinandersetzen, erkennen wir den Mangel in uns: Gedanken wie "ich bin nicht genug" / "ich bin nicht richtig" / „mein Leben ist erst gut wenn dieses oder jenes eingetroffen ist" dringen rasch in unser Bewusstsein.

Doch ich möchte Dich fragen: Stimmen diese Gedanken? Wer entscheidet, dass Du nicht vollständig seist? Wer sagt, Du seist in Deinem Leben jetzt nicht genau da wo Du sein solltest? Und woher kommt diese Stimme, die das behauptet?

Ich glaube, dass es sich hierbei hauptsächlich um ein "Erbstück" aus unserer Kindheit handelt. Die meisten von uns haben als Kinder irgendwann gelernt, dass sie nur liebenswert sind, wenn sie gut/brav/fleissig/usw. sind – kurz gesagt: Wenn sie der gesellschaftlichen Norm angepasst sind. Dabei war es keineswegs böse Absicht unserer Eltern uns dies so zu vermitteln, sondern eher Teil unserer Gesellschaft. Wir haben als Kinderseelen somit gelernt, dass wir (nur) Liebe erhalten, wenn wir uns gut benehmen. Als logische Folgerung schlossen wir daraus, dass wir nur dann vollständig seien, wenn wir dem Ideal ganz entsprechen und als Umkehrschluss machten wir daraus, dass wir grundsätzlich nie ganz sein könnten - denn es gäbe ja immer irgendetwas zu verbessern oder zu verändern.

Doch noch einmal - was wäre, wenn wir einfach annehmen würden, dass wir bereits jetzt GANZ sind? Dass wir in unserem Leben genau da sind, wo wir sein sollten? Dass wir genau das tun, was wir jetzt in diesem Augenblick tun sollten?

Durch dieses Denken würden wir die Türen öffnen für unser schöpferisches Potenzial. Wir würden viel Energie gewinnen durch diese neue Freiheit. Denn der bisherige (unbewusste) Kampf gegen das vermeintliche Unvollständigsein raubt uns viel Energie.

Ich möchte jedoch erwähnen, dass es einen Unterschied gibt zwischen Annahme und passiv sein. Es geht nicht darum sich mit allem abzufinden, was nicht stimmig für uns ist.

Es geht lediglich darum anzunehmen was ist und darin die Perfektion des Lebens zu erkennen. Wenn uns etwas stört oder wenn wir glauben jetzt im Moment etwas Besseres tun zu können, als das was wir gerade tun, dann sollten wir handeln und etwas verändern! Ist uns dies jedoch nicht möglich, liegt es an uns unsere Einstellung dazu zu verändern.

Ich möchte Dich dazu einladen, diese Gedanken einfach einmal auf Dich wirken zu lassen. Versuche, wenn auch nur für ein paar Sekunden, anzunehmen, dass Du genau richtig bist so wie Du bist und genau da bist, wo Du sein sollst.

Leben bedeutet Entwicklung und Veränderung, daher gibt es auch kein Ankommen in der Zukunft. Die Illusion des Ankommens in der Zukunft entstammt unserem „Ego".

Doch solange wir an ein Ankommen in ferner Zukunft glauben, daran also, dass es dann besser sein wird wenn dieses oder jenes erst einmal eingetroffen ist – solange können wir nicht im Jetzt sein und solange leben wir auch weiterhin im Mangelbewusstsein.

Es gibt kein Ankommen in der Zukunft – es gibt nur das Ankommen im Jetzt.

Wir haben nur diesen einen Augenblick und es ist unsere Entscheidung, ob wir diesen Moment vollkommen leben wollen oder ob wir uns stattdessen weiterhin ständig im Mangel bewegen wollen und im Jetzt auf eine vermeintlich bessere Zukunft hoffen.

Das Leid des Vergleichens...

Wir stehen kurz vor dem Jahreswechsel... Es ist eine Art Zeit zwischen den Zeiten – das Alte noch nicht ganz abgeschlossen, das Neue noch nicht richtig begonnen.

Es ist auch die Zeit der Einkehr, der Ruhe, des Kräftesammelns, aber auch die Zeit der Gedanken über das was war und das was sein soll.

Doch wie ziehen wir diese persönliche Bilanz über das vergangene Jahr? Denken wir dabei liebevoll über uns und unser Leben nach oder sehen wir mit unserem verschleierten Blick nur die vermeintlich schlechten Seiten? Die vermeintlichen Niederlagen? Wünschen wir uns ein anderes Leben bzw. andere Umstände oder sind wir dankbar für das, was wir haben und erleben dürfen? Was denkt „es" in uns und wie?

Wir haben gelernt uns und die Welt um uns herum ständig zu bewerten und zu vergleichen, unsere Gedanken sind dabei sehr häufig konzentriert auf das Thema Leistung.

Wir vergleichen uns mit Anderen oder unsere erlebte Welt mit einem inneren Bild von der Welt, wie sie angeblich sein sollte.

Schon früh werden wir mit dem Thema des Vergleichens konfrontiert. Eigentlich beginnt dies sogar schon vor unserer Geburt: Wie verläuft die Schwangerschaft? Ist alles so, wie es „sein sollte"? Danach geht es weiter mit der Babykarte, wenn wir das Licht der Welt erblicken. Unser Gewicht und unsere Grösse werden darin bekannt gegeben und werden dabei sehr oft in Relation zu anderen Babys oder sogenannten Normwerten gestellt.

Dieses Vergleichen mit Anderen zieht sich dann wie ein roter Faden durch unser Leben:

In der Schule werden wir benotet und nur gute Noten zählen. An Sportanlässen werden die Besten gekürt und nur sie bekommen einen Pokal. Die Medien zeigen uns ständig, wie ein schöner Mensch auszusehen hat. Die Moral und manche gesellschaftliche Dogmen und Regeln schreiben zusätzlich vor, wie sich ein guter Mensch zu benehmen hat. Und so weiter und so fort…

Wir beginnen also schon früh uns selbst in Relation zu etwas oder jemand Anderem zu sehen. Gleichzeitig übernehmen wir das bestehende Weltbild, ohne es zu hinterfragen bzw. uns zu fragen, ob dies denn auch für uns selbst wirklich stimmig ist.

Dabei bringt uns leider kaum jemand bei, uns selbst in unserer wahren Grösse einfach anzuerkennen – ohne einen Vergleich.

Manchmal scheint es mir, als ob es kaum Platz gäbe für Individualität in einer Welt, die noch immer hauptsächlich vom Verstand geleitet wird. Dem Verstand, der doch so gerne einordnet, regelt, kategorisiert, abgrenzt, erklärt, definiert, etc…

Die Freiheit der Individualität, des Erwachens aus einem selbst erschaffenen Konstrukt, scheint manch einen auch zu verängstigen. Wer bin ich, wenn ich aufhöre zu vergleichen? Wer möchte ich sein in einem Meer voller Möglichkeiten? Wohin möchte ich gehen, wenn ich mir erlaube meinen ganz eigenen Weg zu finden oder gar neue Wege zu erschaffen? Wie sehe ich die Welt für mich selbst? Was ist meine persönliche Wahrheit über die Welt?

Lässt man die gewohnten Strukturen – unseren selbst geschaffenen Kokon – hinter sich, wird der neue Raum sehr gross und die scheinbare Unendlichkeit der Freiheit schüchtert uns häufig zuerst einmal ein.

Doch ich glaube, wir dürfen wieder lernen, uns in dieser Freiheit – der Unendlichkeit der Möglichkeiten – wieder wohl zu fühlen. Denn diese Freiheit ist unser wahres Zuhause. Sie erinnert uns an unser wahres, grenzenloses Sein.

Vergleiche und Bewertungen – und die daraus häufig entstehenden Abwertungen – sind aus meiner Sicht ein Hauptgrund für das Unglücklichsein vieler Menschen. Denn wer sich ständig mit Anderen vergleicht oder gar misst, der kann fast nur verlieren. Da es immer jemanden geben wird, der schöner, besser, schneller, klüger, usw. ist.

Wenn wir jedoch lernen uns selbst als das anzunehmen, was wir sind, mit all unseren Ecken und Kanten, mit all unseren vermeintlichen Mängeln, mit allem was sich in unserem Leben als Negativ zeigt, dann können wir unsere Freiheit und unseren Frieden wieder finden.

Und nicht nur das! Wir finden auch unsere wahre Stärke, indem wir unser Leben würdigen.

Wenn wir das Vergleichen hinter uns zu lassen versuchen, dann können wir erkennen, wer oder was wir wirklich sind. Denn am Ende ist doch jedes Lebewesen gleich wertvoll – egal was es tut, wie es aussieht oder sich verhält. Es ist das Leben an sich, das den wahren Wert ausmacht. Also würdigen Sie sich und Andere!

Ein jeder, der diesen Schritt macht und aus dem Vergleichen heraus tritt, wird auch automatisch ein Licht sein für alle Anderen, die ebenfalls erwachen und sich aus dem selbstgeschaffenen Konstrukt des Leidens zu befreien versuchen.

Und… wer aufhört sich selbst ständig zu vergleichen oder zu bewerten und stattdessen lernt sich liebevoll anzunehmen und zu würdigen, der wird auch aufhören Andere zu bewerten, zu verurteilen, zu vergleichen. Dadurch erfolgt wahre Annahme des

Gegenübers – sei es eines Menschen oder eines Tieres.

Es ist nicht immer einfach sich aus dem Drang des vergleichen Wollens auszuklinken, denn diese Struktur sitzt, wie vorhin aufgezeigt, sehr tief in uns drin. Aber ich möchte Dich hiermit dazu einladen, es ab sofort zu versuchen.

Beginne damit bei Deinem Rückblick auf das Jahr. Sieh genau hin und nimm das, was Du erlebt hast, einfach wahr. Werte nicht und vergleiche nicht. Konzentriere Dich auf Dich selbst und nur darauf. Würdige Dich und Dein Leben! Sieh die Erlebnisse – die guten wie die schlechten – nur in Bezug auf Dich selbst und was sie aus DEINEM Leben gemacht haben. Ohne zu vergleichen, ohne zu bewerten. Annehmend und würdigend, dass das was Du bist, was Du erlebt hast und was Du tust bzw. getan hast, für Dein Leben genau richtig ist bzw. war.

Fokus...

Diese Kolumne möchte ich, auch auf die Gefahr hin mich zu wiederholen, dem Thema „Fokus" widmen. Denn der Fokus, also unsere innere Ausrichtung, ist ein sehr zentrales Thema und vermutlich könnte ich ein ganzes Buch darüber schreiben.

Aber heute möchte ich erst einmal mit einer Kolumne dazu beginnen ☺

Wir Menschen neigen dazu, unseren Fokus meist auf Negatives auszurichten. Viele unserer Gedanken kreisen ständig um das, was wir NICHT wollen. Und dies nicht nur in Bezug auf unser Leben und unsere Wünsche, sondern auch im Zusammenhang mit unseren Tieren.

Eine kleine Randbemerkung hierzu: Wir neigen auch dazu GEGEN etwas zu kämpfen, statt FÜR etwas. Wir sind beispielsweise gegen Krieg, statt für den Frieden.

Ich wage zu behaupten, dass die Fokussierung auf Negatives ein anerzogenes Muster ist. Wir haben gelernt Negatives möglichst vorauszusehen, abzuwägen und dementsprechend auszuweichen – aus Angst vor Verletzung und möglichen Schmerzen.

Wir weichen aus bzw. ändern unseren Kurs gänzlich lange bevor überhaupt etwas Unerwünschtes eingetreten ist. Und so sind viele von uns eher damit beschäftigt, ständig dem Leben, das sie eigentlich gar nicht wollen, auszuweichen – anstatt das Leben, das sie sich wünschen, zu erschaffen.

Wir haben unseren Verstand perfekt dazu erzogen uns Bilder zu liefern, von einer möglichen Zukunft, die wir nicht wollen; Voraussicht und Vernunft nennt man das dann häufig.

Dabei haben wir jedoch nicht bemerkt, dass wir uns damit eigentlich in etwas verrennen, was uns in keinster Weise dienlich ist.

Doch ich möchte hier kurz unterscheiden zwischen einer negativen Tendenz, die man erkennt und der man sinnvollerweise gegensteuert (das wäre dann den Geist/Verstand sinnvoll nutzen) und der Vermeidung von Dingen, die möglicherweise sein könnten aber noch lange nicht sind (das gleicht dann eher einem unbewussten Amoklauf unseres Geistes/Verstandes).

Nehmen wir als Beispiel eine Erkrankung – sei es von Mensch oder Tier: Umgangssprachlich heisst es dann „ich BIN krank" oder „mein Tier IST krank".

Das ist zwar ein kleiner, aber durchaus erheblicher sprachlicher Unterschied.

Wenn man etwas IST, dann hat das viel mehr Gewicht, als wenn man lediglich etwas HAT.

Denn wenn man etwas IST, dann identifiziert man sich damit, wenn man etwas nur HAT, dann gehört es einfach nur zu einem doch steht dabei in keiner direkten Beziehung zu dem was man IST.

Aber hier schweife ich wohl wieder einmal ab in die philosophischen Gefilde... Trotzdem - denke mal darüber nach – am Besten bei einem Glas Rotwein an einem lauen Sommerabend ☺

Zurück zum eigentlichen Thema am Beispiel einer Erkankung: Meist kreisen die Gedanken ständig um die Krankheit, denn die wollen wir ja nicht.
Doch: Was ist, das ist – das kann man nicht ändern. Eine Verletzung oder Erkrankung ist, was sie ist. Und es geht nicht darum das wegzudenken oder zu ignorieren! Stattdessen geht es darum es zur Kenntnis zu nehmen (es anzunehmen!), ggf. Massnahmen einzuleiten FÜR einen besseren Zustand und gleichzeitig den eigenen Fokus auf das zu richten, was man stattdessen möchte.

Wenn Du ständig das Bild von Dir und Deiner Krankheit – oder Deinem kranken Tier – mit Dir herumträgst und darauf herumkaust wie schlimm das doch ist, dann kreist Deine gesamte Energie in diesem Bild und – viel wichtiger noch – in dieser Emotion und so hältst Du die ganze Sache länger am Leben als nötig! Denn Du richtest Dich dabei komplett auf das aus, was Du doch eigentlich gar nicht willst und blockierst so die Energie für eine Alternative.

Wenn wir jedoch Veränderung wollen – egal auf welcher Ebene in unserem Leben – müssen wir uns auf das konzentrieren/fokussieren, was wir wollen. Alles ist Energie und so beginnt jede Veränderung im Aussen mit einer Veränderung unserer Energie im Innen. Wir müssen dabei nicht nur unser Denken sondern vor allem auch unsere Gefühle – also unser ganzes SEIN – auf das ausrichten, was wir uns wünschen. Und zwar nicht wünschend mit einem Hauch von „ich hätte doch so gerne, aber leider…", sondern mit einem Gefühl von Vertrauen und Zuversicht, dass dies möglich sein wird – ja sogar, dass es bereits IST.

Statt sich mit sorgenvollen Gedanken im Kreise zu drehen, fülle Deinen Geist mit wohlwollenden Bildern von dem was Du Dir wünschst und bade in vertrauensvollen, zuversichtlichen Gefühlen. Wähle einfach neu! Richte Dein ganzes Sein neu aus!

Manchmal braucht das ein bisschen Mut. Denn wir haben unseren Geist jahrelang, teilweise jahrzehntelang, dazu erzogen sich um das zu kümmern, was wir nicht wollen. Nun gilt es sich umzuziehen und so einer Gewohnheit entgegenzusteuern.

Anfangs fühlen sich solche Umstellungen oft verwirrend, komisch, ja sogar falsch an.

Unser Verstand will uns vielleicht sogar weismachen, dass wir uns dabei ja nur etwas vormachen. Aber da hat der Verstand nicht so ganz Recht. Denn er ist es ja, der uns etwas vormacht, indem er unsere Gedanken um Bilder kreisen lässt, die meist noch gar nicht sind.

Ich vergleiche es immer gerne mit dem Autofahren in England: In England gilt Linksverkehr. Wenn Du nun also in England zu Besuch bist, dann WEISST Du, dass es richtig ist auf der anderen Strassenseite zu fahren und doch FÜHLT es sich - zumindest am Anfang - komisch, fremd ja eben auch irgendwie falsch an. Einfach weil Du es anders gewohnt bist.

Wenn ich selbst aus alteingefahrenen (Denk-) Mustern, die mir nicht länger dienlich sind, auszubrechen versuche, dann denke ich oft an dieses Beispiel. Es hilft mir den Mut zu finden meinem neuen Weg zu vertrauen und mich mit ganzem Sein hineinzustürzen, auch wenn es sich anfangs ungewohnt anfühlen mag.

Es heisst ja „ich denke, also bin ich" – meiner Meinung nach müsste es eher heissen „ich bin, was ich denke"...

Alles ist Energie – welche Form der Energie, welchen Fokus wählst Du für Dein Leben und somit auch für Deine Zukunft? Was hast Du zu verlieren, wenn Du neu fokussierst, Dich neu ausrichtest und neue innere Bilder erschaffst? Wenn Du Freude, Zuversicht und Vertrauen wählst statt Zweifel, Sorgen und Kummer?

    Richte Dein Inneres auf das aus, was Du möchtest – mit Deinem ganzen Sein – und das Aussen wird unweigerlich folgen...

    Ich wünsche Dir den Mut, den Du für diesen Sprung in ein neues Leben benötigst und die Zuversicht darin zu bleiben, auch wenn im Aussen mal daran gerüttelt wird.

Veränderung und Loslassen…

Der Herbst zieht in das Land ein und die Natur bereitet sich auf den Winter vor.

Die Bäume ziehen ihre Kraft in ihr Innerstes zurück und lassen ihre Blätter langsam fallen. Und so ist vieles, von dem was war, nicht länger vorhanden…

So werden wir im Herbst sehr deutlich an Themen wie Veränderung und das damit einhergehende Loslassen erinnert. Denn Veränderung und Loslassen sind Teil der Natur und des ewigen Kreislaufs des Lebens. Oder wie Heraklit bereits einige 100 Jahre vor Christus geschrieben hat: „Nichts ist so beständig wie der Wandel."

Loslassen zeigt sich in der Natur sowie in unserem Leben auf vielfältigste Art und Weise. Wobei der Tod die wohl endgültigste Form ist, wie uns dieses Thema im Leben begegnen kann. Doch Loslassen zeigt sich uns auch im Kleinen, wenn wir beispielsweise erkennen, dass uns gewisse Denkmuster oder Gewohnheiten nicht länger dienlich sind.

Wer Tiere oder Kinder hat, der weiss, dass gerade sie uns sehr oft mit diesem Thema konfrontieren. Mit ihrem viel unbeschwerteren Geist laden Sie uns immer wieder dazu ein loszulassen und ermutigen uns Veränderungen zuzulassen.

Veränderung und Loslassen erscheinen in der Natur häufig völlig unbeschwert, wohingegen es uns Menschen – insbesondere uns Erwachsenen – oftmals Mühe bereitet, indem wir uns dagegen wehren und an etwas festzuhalten versuchen.

Diese Abwehrhaltung gegenüber Veränderungen kommt zum Einen sicherlich daher, dass wir ungerne unsere Gewohnheiten verändern. Dass wir also die gewohnten Wege – unsere „sichere Zone" – nur ungerne verlassen aus Angst vor dem Unbekannten.

Aber es liegt auch am aufkommenden Schmerz, der uns häufig vereinnahmt, wenn wir etwas loszulassen haben. Doch die Trauer ist nun einmal der Begleiter des Loslassens. Und anstatt dem Schmerz ausweichen zu wollen, tun wir besser daran die Trauer, die Wut, die Verzweiflung, die Angst, also all diese schmerzhaften Gefühle anzunehmen und intensiv aber vor allem bewusst zu spüren. Nur so können sie uns später auch wieder verlassen und den Raum wieder frei geben für Gefühle der Liebe, Dankbarkeit und Demut.

Wenn wir lernen mit dem Fluss zu gehen anstatt uns gegen ihn zu stellen und dabei auch lernen in das Leben und eine höhere Ordnung zu vertrauen, dann werden das Loslassen und auch Veränderungen einfacher. Das bedeutet nicht, dass wir dabei keinen

Schmerz mehr verspüren werden. Doch wenn wir lernen uns bewusst auch mit negativen Gefühlen auseinander zu setzen und dabei unseren Blick in Liebe und Dankbarkeit zurück zu richten auf das was war und gleichzeitig voller Zuversicht und Vertrauen nach vorne zu schauen, dann verliert der Schmerz an Kraft.

    Denn wir sollten nicht zulassen, dass uns die Angst vor dem Schmerz oder dem Unbekannten an notwendigen Veränderungen hindert.

    Denn, Nichts ist für die Ewigkeit bestimmt und Veränderung ist die Essenz des Lebens.

Einige Gedanken zu Gesundheit und Krankheit

Gesundheit ist für mich ein natürlicher Zustand der sich einstellt, wenn unser System mit Körper, Geist und Seele im Gleichgewicht ist. Gerät einer oder mehrere dieser Pfeiler aus dem Gleichgewicht so entsteht Krankheit. Somit bietet uns eine Erkrankung wertvolle Hinweise dafür, dass wir irgendwo - auf körperlicher, geistiger oder seelischer Ebene- vom optimalen Weg abgekommen sind.

Viele Menschen reagieren auf Krankheit mit einem sehr negativen Gefühl. Denn in der heutigen, schnelllebigen Zeit gibt es leider keinen Platz dafür krank zu sein: Krank sein ist lästig, unnütz, blockiert unseren Alltag und unsere Pläne und wird manchmal auch zu einer finanziellen Belastung. Ich spreche dabei von diesem weit verbreiteten, ablehnenden Gefühl gegenüber Krankheit: Krankheit ist etwas Schlechtes, etwas das nicht sein sollte und man möglichst schnell wegmachen muss.

Doch wenn wir uns lediglich auf das „weg haben wollen" einer Krankheit konzentrieren, verschenken wir wertvolle Energie, die wir stattdessen konstruktiv bspw. im Heilungsprozess einsetzen könnten.

Die Natur besteht aus Dualität und so gehört Krankheit genauso wie Gesundheit zum Leben dazu.

Die Natur ist stets bestrebt das Gleichgewicht zu wahren und so verfügen all unsere Ebenen (Körper, Geist und Seele) über wertvolle Kompensations- & Regulationsmechanismen. Doch manchmal wird eine Belastung zu viel, unser System gerät aus der Balance und teilt uns dies durch entsprechende Symptome mit.

Ich möchte Dich dazu ermuntern, Symptome als Helfer und Botschafter des Körpers zu sehen.

Doch zu Beginn steht die Annahme dessen, was ist. Denn es lohnt sich nicht sich gegen etwas aufzulehnen, was ja sowieso schon da ist. Du siehst, es geht einmal mehr um das Leben im Jetzt. Annehmen was sich zeigt und die Gedanken nicht auf Dinge zu richten, die (noch) nicht sind.

Durch Annahme wird es möglich eine neue Blickrichtung einzuschlagen. Annahme löst ein inneres Gefühl von Ausgeglichenheit und Ruhe aus. Jedoch solltest Du Annahme nicht mit scheinbarer Akzeptanz verwechseln. Es geht nicht darum etwas scheinbar zu akzeptieren und sich dabei aber eigentlich als Opfer zu fühlen ("dann finde ich mich halt damit ab"), sondern darum ein konstruktives und ausgeglichenes Gefühl in sich herzustellen.

Annehmen bedeutet, dass man annimmt was sowieso schon ist – ohne die Situation zu bewerten... Denn sobald wir mit bewerten beginnen, verlassen wir den friedvollen, neutralen Pfad des Jetzt und begeben uns auf den Pfad der Emotionen und inneren Wertvorstellungen. Annahme ist aber neutral und bietet Raum für Fragen wie: Was möchte mir diese Krankheit sagen? Worauf möchte sie möglicherweise hinweisen? Wieso geschieht dies gerade jetzt in meinem Leben? Und wie kann ich den Körper dabei unterstützen, wieder ein natürliches Gleichgewicht herzustellen?

So können wir unseren Fokus verschieben und Krankheit wieder als das wahrnehmen, was sie eigentlich ist: Ein Hinweis für ein entstandenes Ungleichgewicht – auf welcher Ebene auch immer…

LEBEN!

„Ich LEBE!" – lass diese Aussage mal auf Dich wirken bevor Du weiterliest...

Der Tod steht am Ende des LEBENs – die Geburt am Anfang. Und das dazwischen bezeichnen wir als LEBEN. Doch sind wir uns dessen, was LEBEN bedeutet, wirklich bewusst...?

Wir alle haben eine klare Vorstellung vom Tod, doch kennen wir das LEBEN?

Tatsache ist, dass unser Bild über das, was LEBEN bedeutet in dem Moment klarer wird, in dem wir uns auch bewusst darüber werden, was der Tod für uns bedeutet – und ganz besonders was unser eigener Tod für uns bedeuten würde.

Die ganze Welt besteht aus Dualität und nur durch diese Dualität kann das Einzelne wirklich erfahren werden. Daher müssen wir in beide Gegensätze eintauchen um ein klareres Bild vom Einzelnen zu erhalten. Oder woher solltest Du wissen was Tageslicht bedeutet, wenn Du die Nacht nicht kennst?

In manchen Momenten unseres LEBENs werden wir völlig vereinnahmt von den äusseren Umständen und vergessen dabei allzu leicht, dass wir trotz allem in eben jenen Momenten noch immer am LEBEN sind. Allein die Tatsache, dass wir noch hier sind, wäre eigentlich ein Grund zu feiern. Wir haben es immerhin bis hier hin geschafft ☺

Mag alles Äussere um uns herum zusammen brechen – solange wir noch immer atmen, solange unser Herz noch immer schlägt, solange unser Körper noch immer da ist und funktioniert, solange sind wir Teil dieses LEBENs. Und ist das nicht eigentlich das Wichtigste überhaupt? Dass unsere Erfahrung in diesem einen LEBEN noch immer stattfinden darf?

Sich an diese Tatsache zu erinnern und sich des LEBENs wieder bewusst zu werden, kann uns in jenen schwierigen Momenten helfen wieder ein wenig Distanz zum äusseren Geschehen zu erhalten. Denn unser Verstand neigt oftmals dazu äusseren Umständen mehr Gewicht zu verleihen als der Tatsache des LEBENdig Seins an sich.

Deshalb möchte ich Dich dazu einladen, Dir wieder bewusst zu werden, was LEBEN bedeutet und vor allem, dass Du jetzt LEBST. Und dieses LEBEN ist nicht selbstverständlich, es ist ein Geschenk!

Also freuen Dich darüber in jeder Sekunde Deines LEBENs, in den dunklen wie auch den lichtvollen Momenten. Fülle Dein Herz mit Dankbarkeit und Freude dem LEBEN gegenüber.

Dabei wirst Du womöglich auch erkennen, dass der Sinn des LEBENs nichts ist, was gefunden werden kann, sondern lediglich darin besteht, sich dieses LEBENs bewusst zu werden.

Der stille Beobachter...

Aktuell herrscht eine wirre und konfuse Zeit – das beobachte ich zumindest bei mir und bei vielen der Menschen, die mir tagtäglich begegnen. Manchmal scheint es, als ob das Leben aktuell eine besonders starke Eigendynamik mit sich bringt. Viele von uns fühlen sich dabei so, als ob sie vom Strom des Lebens einfach mitgerissen und teilweise regelrecht durchgeschüttelt werden.

In Zeiten des Umbruchs, der Veränderung, des Loslassens und des „Geschüttelt-werdens" können wir uns jedoch jederzeit entscheiden, ob wir uns selbst als Opfer des Geschehens betrachten oder ob wir stattdessen die Position des stillen Beobachters wählen.

Wir können uns also entweder gegen die Wogen des Lebens wehren und dagegen ankämpfen indem wir über die Umstände, die uns widerfahren, wettern und uns beklagen... Oder wir beobachten einfach im Stillen, was da alles um uns und in uns geschieht ohne es zu bewerten.

Die Rolle des stillen Beobachters bringt uns wieder stärker zurück zu uns selbst und zu unserer Ruhe und Kraft. Denn wir können das, was uns im Aussen widerfährt manchmal nicht ändern. Wir können aber bewusst wählen, ob wir diesen Umständen im „Nein" begegnen oder im „Ja".

Im „Ja" zu sein, bedeutet jedoch nicht, dass wir alles einfach hinnehmen. Es bedeutet lediglich, dass wir grundsätzlich erst einmal einfach annehmen, was sich uns zeigt.

Wir beobachten es, ohne zu werten. Indem wir diese Beobachterposition einnehmen, distanzieren wir uns innerlich auch von dem was geschieht – wir durchbrechen dadurch die Identifikation mit dem Leid. Statt also Kraft und Energie zu vergeuden im Kampf gegen die Wogen des Lebens, sammeln wir die Kraft und Energie wieder in uns.

Der stille Beobachter sitzt im Grunde einfach nur da und schaut zu. Er beobachtet was passiert, er beobachtet dabei auch die eigenen Reaktionen darauf - ohne sich direkt damit zu identifizieren. Es ist als ob er den Wolken am Himmel zuschauen würde, wie sie vorbei ziehen. Denn die Wolken bewegen sich auch ohne sein aktives Zutun.

Genauso ist es mit all den Eindrücken und Einflüssen, die uns besonders im aktuellen Zeitgeschehen begegnen. Sie kommen und gehen – auch ohne, dass wir aktiv etwas tun.

Indem wir besonders die Dinge, die uns zu quälen scheinen und die wir jedoch im Moment nicht verändern können, in solche Wolken am Himmel verwandeln, werden wir wieder freier. Denn der stille Beobachter weiss, dass er nicht die Wolken ist und er weiss intuitiv, dass die Wolken auch nicht für immer am selben Ort weilen und auch wieder weiterziehen werden.

Und später werden wir erkennen, dass nicht die Geschehnisse an sich uns quälen – sondern, dass es meist unsere Einstellungen (unser „Nein", unsere Ängste und Sorgen, unsere Zweifel, etc.) sind, die uns unserer Energie berauben.

„Gib mir die Gelassenheit, Dinge hinzunehmen, die ich nicht ändern kann, den Mut, Dinge zu ändern, die ich ändern kann, und die Weisheit, das Eine vom Anderen zu unterscheiden." (Gelassenheitsgebet)

Den Blick nach Innen richten...

Viele von uns sind so sehr damit beschäftigt Andere zu beurteilen – oder teilweise sogar zu verurteilen – dass sie vergessen auch einmal den Blick nach Innen zu richten. Oder sie sind unbewusst sehr damit beschäftigt den äusseren Schein zu wahren, den Ansprüchen der Anderen gerecht zu werden und häufig auch einfach einem gewissen Bild zu entsprechen. Dadurch landen wir direkt im leidvollen Thema des Vergleichens. Und unser Fokus liegt dabei ständig nur im Aussen.

Dass dabei jedoch sehr viel unserer eigenen, wertvollen Energie verloren geht, ist vielen nicht bewusst. Sie glauben durch das Beurteilen Anderer an Stärke zu gewinnen, erkennen jedoch nicht den Trugschluss, der sich dahinter verbirgt. Denn mit jeder Beurteilung – oder eben manchmal sogar Verurteilung – lehnen wir immer auch einen Teil von uns selbst ab.

Hast Du diese Urteile einmal überprüft?
Unzählige Denkmuster oder gar Dogmen haben wir schlicht übernommen – von unseren Eltern, unseren Lehrern, unseren Vorbildern, unserem Umfeld.

Doch frage Dich einmal, wie Du wirklich zu diesen Meinungen stehst. Was sagt Dein Herz dazu, wenn der Verstand schweigt?

Haben Du Dir schon einmal wirklich Zeit genommen um anzuhalten und Dich selbst zu fragen: „Was ist da eigentlich alles in mir los? Welche Gefühle und Gedanken trage ich (unbewusst) in mir und mit mir herum?"

In der Stille innezuhalten wirkt auf uns – in einer Zeit in der das Tun sehr viel wichtiger zu sein scheint als das Sein – beinahe wie verschwendete Zeit. Minuten in denen man scheinbar nichts tut, ausser da zu sitzen und in sich hinein zu horchen. Minuten, in denen scheinbar nichts Produktives entsteht. Und doch sind es genau diese Minuten, in denen unglaublich viel Wachstum und Befreiung stattfinden kann.

Ich möchte Dich heute dazu einladen Dir ein paar Minuten mit Dir selbst zu schenken. Jeden Tag und immer wieder aufs Neue – spontan oder auch einfach abends bevor Du schlafen gehst. Einfach ein paar Minuten mit sich alleine in tiefer Stille als Beobachter dessen was ist.

Erlaube dem, was auch immer da sein mag, einfach da zu sein. Es möchte von Dir gefühlt werden, denn es ist Deine ureigene Schöpfung.

Es ist in Dir, also ist es auch Deins. Übernimm also wieder die Verantwortung dafür.

Sage ja zu dem was in Dir ist, auch dem Schmerzhaften oder Unangenehmen. Schau es Dir an, schau genau hin, prüfe, was „es" in Dir denkt.

Und fühle Deine Gefühle – Schicht um Schicht. Suche nach der wahren Verletzung indem Du durch ein Gefühl nach dem anderen hindurch gehst.

Spürst Du beispielsweise Wut in Dir? Dann spüre diese Wut, spüre sie bewusst und beobachte dabei auch Deinen Körper. Wo im Körper spürst Du diese Wut? Wie fühlt sie sich an? Kannst Du die Wut vielleicht beschreiben mit Farben oder Formen?

Dann tauche tiefer hinein anstatt das Gefühl wegmachen zu wollen. Tauche in diese Wut ein, spüre, was darunter liegt. Möglicherweise ist es Verzweiflung? Ein Gefühl des Kleinseins? Ein Gefühl mangelnder (Selbst-)Liebe?

Gehe tiefer bis Du zum wahren Kern dieser Verletzung vorgedrungen bist und beobachte, wie die ursprüngliche Wut sich dadurch nun verändert und Heilung entstehen kann. Schiebe es nicht länger von Dir weg, sondern nimm es liebevoll an und setze Dich bewusst damit auseinander.

Wenn Du Dich also zukünftig dabei ertappst, wie Du Andere beurteilst – und das machen wir alle unbewusst immer wieder – dann halte einen Moment inne und wende Deinen Fokus wieder bewusst nach Innen zu Dir selbst. Oder wenn in Dir ein unangenehmes Gefühl hoch kommt, dann schiebe es nicht einfach achtlos weg. Spüre hinein, konzentriere Deine Energie auf Dich selbst und verschwende sie nicht nach Aussen.

Wachse dadurch mit Dir selbst, in Dir selbst.

Die Fabel von den Fröschen

In diesem Monat konnte ich mich bei all den Themen, die ich noch mit meiner Kolumne in die Welt hinaus tragen möchte, für keines so richtig entscheiden. Bis ich vor zwei Tagen über eine Fabel gestossen bin, die nun Kern der aktuellen Kolumne ist…

Die Fabel von den Fröschen:
Eines Tages entschieden die Frösche, einen Wettlauf zu veranstalten. Um es besonders schwierig zu machen, legten sie als Ziel fest, auf den höchsten Punkt eines großen Turms zu gelangen.
Am Tag des Wettlaufs versammelten sich viele andere Frösche, um zuzusehen.
Dann endlich – der Wettlauf begann.
Nun war es so, dass keiner der zuschauenden Frösche wirklich glaubte, dass auch nur ein Einziger der teilnehmenden Frösche tatsächlich das Ziel erreichen könne. Statt die Läufer anzufeuern, riefen sie also "Oje, die Armen! Sie werden es nie schaffen!" oder "Das ist einfach unmöglich!" oder "Das schafft Ihr nie!"
Und wirklich schien es, als sollte das Publikum Recht behalten, denn nach und nach gaben immer mehr Frösche auf.
Das Publikum schrie weiter: "Oje, die Armen! Sie werden es nie schaffen!"

Und wirklich gaben bald alle Frösche auf – alle, bis auf einen Einzigen, der unverdrossen an dem steilen Turm hinaufkletterte – und als Einziger das Ziel erreichte.
Die Zuschauerfrösche waren vollkommen verdattert und alle wollten von ihm wissen, wie das möglich war.
Einer der anderen Teilnehmerfrösche näherte sich ihm, um zu fragen, wie er es geschafft hätte, den Wettlauf zu gewinnen.
Und da merkten sie erst, dass dieser Frosch taub war!
(Verfasser unbekannt)

Diese Fabel erinnert uns daran, dass alles möglich ist, dass wir alles schaffen können – wenn wir aufhören uns vom Aussen blockieren zu lassen. Und wenn wir beginnen unsere eigene Wahrheit zu erschaffen, statt das als wahr zu übernehmen, was lediglich von der grossen Masse geglaubt und einfach ständig wiederholt wird.

Aber auch im Inneren tragen viele von uns Stimmen mit sich herum, die sagen, dass wir das nicht können, dass dieses oder jenes unmöglich sei – meist stammen diese Stimmen noch aus der Kindheit. Heute als Erwachsene ist es uns jedoch möglich selbst zu entscheiden, ob wir diesen Stimmen weiter lauschen möchten oder nicht.

Wir können auch nicht immer darauf hoffen, dass das Aussen uns die Unterstützung gibt, die wir uns wünschen würden. Daher liegt es an uns selbst uns die Unterstützung, den Mut und die Zuversicht zu geben, die wir brauchen um auf unserem Weg voran zu kommen und unsere Ziele zu erreichen. So nehmen wir die Verantwortung für uns selbst wieder zurück und geben sie nicht länger ans Aussen ab.

Nimm diese Verantwortung über Dich selbst bewusst zurück und das Aussen verliert seine vermeintliche Macht über Dich. Und werde Dir auch all der hemmenden, zweifelnden und vielleicht auch ängstlichen Stimmen in Deinem Inneren bewusst. Du trägst diese womöglich schon viel zu lange (unbewusst) mit Dir herum.

Und nun wähle neu: Wähle von nun an auf die Stimme Deines Herzens zu hören.

Der Unterschied zwischen Herz und Ego ist denkbar einfach zu erkennen: Die Stimme des Herzens – der Liebe – ist stets wohlwollend und stärkend, die Stimme des Egos hingegen spricht in Angst und Zweifeln.

Beginne ein neues Denken und Fühlen, in dem Du Dich selbst unterstützt, förderst und an Dich glaubst. Und wer weiss, vielleicht wird dadurch auch bei Dir das scheinbar Unmögliche plötzlich möglich… ☺

Du bist der Kapitän Deines Lebens – Du ganz allein und niemand sonst. Also wähle bewusst, mit welchem Wind (wohlwollend, vertrauend, an sich glaubend – oder niedermachend, ängstlich und zweifelnd) Du durch Dein Leben segeln willst...

Da-Sein

Mit unserem Geist sind wir zu etwas Unglaublichem fähig: Während unser Körper an einem bestimmten Ort ist, können wir gedanklich ganz wo anders sein. Und dies nicht nur räumlich, sondern auch zeitlich. Während wir also beispielsweise Zuhause einen Kaffee geniessen, sind wir im Kopf ganz schnell irgendwo in der Vergangenheit, der Zukunft oder an einem anderen Ort – nur meist sind wir eben nicht da, wo wir eigentlich sein sollten: in der Gegenwart.

Diese Fähigkeit im Geist durch Raum und Zeit reisen zu können ist eigentlich ein grosses Geschenk und etwas, was den Menschen besonders auszeichnet. Doch sollten wir wieder lernen mit diesem Geschenk achtsamer – eben bewusster – umzugehen.

Viel zu oft und eben unbewusst verlassen wir den jetzigen Moment, um stattdessen zu grübeln und uns mit (meist negativen) Gedanken auseinander zu setzen, die entweder eine noch nicht geschriebene Zukunft betreffen oder eine längst geschehene Vergangenheit. Dieser Zustand macht langfristig müde und teilweise auch krank, da wir dabei unnötig viel Energie verlieren.

In Extremsituationen – bspw. traumatischen Erlebnissen – dient diese Fähigkeit des Geistes jedoch auch als Schutzmechanismus: der Geist kann während solcher Erlebnisse entschwinden, so dass dieser Moment überhaupt überlebbar wird. Dies nennt man dann im Fachjargon Dissoziation. Aus schamanischer Sicht geht bei einer solchen Dissoziation meist auch ein Seelenanteil verloren, der sich dabei abspaltet. Dies wäre jedoch ein anderes Kapitel…

Also zurück zu unserem Lebensalltag…
Hier möchte ich Dich fragen: Wie oft bist Du wirklich da? Bei dem was Du gerade tust? Insbesondere bei den alltäglichen, scheinbar langweiligen Dingen?

Wir alle sind es gewohnt insbesondere alltägliche Dinge nicht unbedingt bewusst zu machen, sondern dabei geistig zu entschwinden. Wir denken dann bspw. über eine mögliche Zukunft nach, über – meist schmerzhafte – Erlebnisse aus der Vergangenheit, grübeln über unsere Sorgen, usw.

Und was geschieht dabei mit uns? Wir dissoziieren – während also unser Körper da ist, ist unser Geist ganz woanders. Erst wenn wir uns dies wirklich bewusst machen, spüren wir die Disharmonie dieses Zustandes und können erkennen, wie viel Zeit unseres Lebens wir nicht bewusst leben, indem wir eben im Geiste die meiste Zeit ganz woanders sind.

Daher möchte ich Dich heute dazu einladen, Dich immer wieder bewusst ins Jetzt und somit auch in Deinen Körper zurück zu holen. Egal was Du gerade tust, selbst bei den alltäglichsten Dingen, sei bewusst dabei. Nimm wahr, was Du alles in diesem einen Moment erlebst – mit all Deinen Sinnen. Sei bewusst dabei und nicht lediglich körperlich anwesend. Hole Deinen Geist von seiner Reise zurück ins Jetzt – den einzigen Moment, den Du tatsächlich hast.

Dadurch verändert sich auch die Zeitqualität bzw. das Zeitempfinden – plötzlich scheint es, als hätte der Tag am Ende sehr viel mehr bereichernde Stunden gehabt. Und dies geschieht einfach nur dadurch, dass man bewusster am Leben teilnimmt.

Das bewusste Da-Sein ist etwas, was wir immer wieder aufs Neue lernen dürfen. Immer wieder in jenen Momenten, in denen wir uns geistig vom Jetzt entfernen, können wir dies durch Achtsamkeit wahrnehmen und dann bewusst verändern.

Gehe daher von heute an ein Stück bewusster und achtsamer durch Dein Leben.

Sobald Du merkst, dass Du das aktuelle Geschehen im Geiste verlässt, hole Dich bewusst wieder ins Jetzt zurück. Atme mehrmals tief ein und aus und hole Deinen Geist durch Deinen Körper wieder zurück ins Jetzt: Spüre Deinen Körper, konzentriere Dich auf die Wahrnehmungen Deiner Sinne und sei einfach da.

Lass Dich überraschen, wie viel länger und bereichernder die erlebte Zeit dabei wird und wie viel mehr Energie Du plötzlich haben wirst.
Du kannst dabei nur gewinnen! ☺

Wie trittst Du dem Leben gegenüber?

Noch immer führen sehr viele Menschen ihr Leben so, als ob sie es leben müssten und als ob das Leben ein ständiger Kampf wäre. Natürlich gibt es im Leben auch Momente, die uns viel Kraft kosten, Momente in denen nicht alles rund läuft und Momente in denen manchmal scheinbar alles unglaublich zermürbend oder auch beängstigend wirkt. Aber genauso gibt es auch die bereichernden Momente, die Momente in denen wir Kraft erhalten und Momente in denen wir aufblühen. Denn das Leben besteht grundsätzlich aus Dualität.

Jedoch geht es mir heute nicht darum wie uns das Leben begegnet, sondern viel mehr darum, wie wir dem Leben begegnen. Es geht also um unsere persönliche Grundeinstellung gegenüber dem Leben.

Hast Du Dir schon einmal darüber Gedanken gemacht wie Du dem Leben gegenüber trittst?
Ist das Leben für Dich eher ein „funktionieren müssen"?
Oder siehst Du Dich als Kapitän Deines eigenen Schiffes auf einem Meer voller Erfahrungen?
Hast Du das Gefühl Dein Leben sei ein Geschenk? Oder eher ein Fluch?

Die innere Einstellung mit der wir dem Leben – unserem persönlichen Dasein – gegenüber treten ist massgeblich für das Gefühl, das tief in uns vorherrscht.

Wie sollen wir Glück, Freude und Leichtigkeit in uns tragen und vor allem bewahren können, wenn wir das Leben an sich als etwas Negatives betrachten? Oder gar als etwas, das uns quälen will?

Da kannst Du noch so lange „positiv denken"... Wenn die Basis - die Grundeinstellung - negativ geprägt ist, sind alle positiven Gedanken, die Du darüber legst reine Fassade.

Daher möchte ich Dich einladen in Dich zu gehen und Deine innere Einstellung gegenüber dem Leben zu prüfen. Gehe in die Tiefe Deines Seins und prüfe Deine Wahrheit. Denn Wahrheit findet man nicht im Aussen, man findet sie nur in sich selbst.

Es ist die innere Einstellung, die unsere Wahrheit definiert: Ein Messer an sich ist weder gut noch schlecht, es kommt darauf an, wozu man es benutzt.

Und genauso ist es mit dem Leben. Das, was Du über das Leben denkst, macht es zu dem, was es ist. Siehst Du das Leben als „ständigen Kampf ums Überleben", dann wird es sich Dir auch genau so präsentieren, Tag für Tag. Siehst Du das Leben hingegen als etwas Leichtes oder einfach nur als eine Form der

Erfahrung – dann wird es sich Dir auch genau so zeigen.

Und am Ende stellt sich daher stets die Frage, welche Wahrheit wir in diesem Leben für uns ganz persönlich wählen möchten. Für mich ist bei dieser Wahl jeweils entscheidend, mit welcher „Wahrheit" gute und stärkende Gefühle aufkommen.

Wählen auch Du Gedanken und Einstellungen, die Dir dienlich sind. Statt jener Gedanken, die Dir Kraft rauben oder gar Ängste schüren. Du hast stets die Wahl – also entscheide Dich bewusst und wähle mit Bedacht.

Es gibt aber auch noch einen anderen Aspekt: Die Liebe zum Leben ist die eine Seite, doch die andere Seite ist die Liebe des Lebens zu einem selbst.

Stelle Dir einmal folgende Fragen:
Fühlst Du Dich vom Leben (Gott, dem Universum, der Natur – wie auch immer Du es nennen möchtest) geliebt? Fühlst Du Dich getragen, geliebt, umsorgt, aufgehoben und vor allem beschützt?

Viele von uns möchten lernen dem Leben zu vertrauen, möchten lernen sich sicherer zu fühlen trotz manch vorherrschendem Sturm. Doch frage ich: Geht es wirklich um Vertrauen oder fehlt eher das Gefühl vom Leben bedingungslos geliebt zu werden?

Tauche einmal in dieses Gedankenspiel ein und beobachte, was mit Dir dabei passiert. Tauche ganz bewusst in das Gefühl ein vom Leben bedingungslos geliebt zu werden, bewacht und beschützt zu werden, aufgehoben zu sein...

Und lasse Dich überraschen, was mit Dir geschieht, wenn Du diese Gedanken und vor allem die damit einhergehenden Gefühle in Dir einmal entstehen lässt.

Sei Dir selbst Dein bester Freund!

In schwierigen Lebenssituationen oder wenn etwas nicht so klappt, wie wir es uns vorstellen, neigen wir alle meist schnell dazu uns selbst mit unseren eigenen Gedanken zu verurteilen.

Gedanken wie: „Jetzt hast Du das (wieder) nicht geschafft" oder ähnliche – teilweise noch viel härtere – Verurteilungen dringen schnell in uns ein.

Vielfach kommen diese unmittelbaren Gedanken aus unserem Unterbewusstsein und hängen noch mit Erfahrungen aus der Kindheit zusammen, bspw. von den Eltern oder anderen Autoritätspersonen.

Wenn wir jedoch diese unbewusst gedachten Gedanken nicht enttarnen und ständig in uns wiederholen, dann kann dies auch zu keiner Veränderung führen und so bleiben wir im ewigen Kampf mit uns selbst.

Frage Dich das nächste Mal:
„Würde ich mit solchen Worten und negativen Gefühlen auf eine schwierige oder unglückliche Situation bei meinem besten Freund / meiner besten Freundin reagieren?"
Ich glaube kaum…

Werde Dir Deiner unbewussten, verurteilenden und negativen Gedanken und Gefühle über Dich selbst bewusst und schenke Dir stattdessen das, was Du auch einem Freund in einer solchen Situation ohne zu zögern schenken würdest.

So veränderst Du Deine innere Einstellung Dir selbst gegenüber in wohlwollende, fürsorgliche und unterstützende Gedanken und Worte. Und dies bringt Dich zum Einen zurück in Deine eigene Verantwortung. Und zum Anderen direkt in Deinen persönlichen Wachstums- & Veränderungsprozess, aber vor allem bringt Dich dies zurück zu Deiner inneren Kraft und Grösse.

Beende also die bisherige innere, negative und sich ständig wiederholende Schallplatte, lege stattdessen eine neue CD mit positiven und wohlwollenden Worten ein und werde so zu Deinem eigenen besten Freund!

Dankbarkeit – der Schlüssel zu innerem Reichtum

Wie oft bist Du dankbar für all das, was sich in Deinem Leben zeigt?
Und wie oft konzentrieren sich Deine Gedanken auf all das, was Dir vermeintlich noch fehlt?

Wir können für so vieles dankbar sein und doch sind die Meisten es gewohnt den Blick auf die Dinge zu richten, die ihnen vermeintlich fehlen bzw. auf Dinge, die Sie nicht haben, aber gerne hätten.

Wenn wir jedoch den Blick von diesen Dingen abwenden und uns stattdessen auf das konzentrieren, was wir bereits besitzen, dann öffnet sich unser Herz und wir treten ein in das Gefühl der Fülle. Solange wir uns jedoch auf all das konzentrieren, was wir (noch) nicht haben, verschliesst sich das Herz und wir bewegen uns im Gefühl des Mangels.

Auf der Suche nach Dingen, für die wir dankbar sein können, geht es keineswegs nur um Besitztümer – obwohl wir auch dafür dankbar sein dürfen und sollen.

Es geht um so viel mehr! Und besonders geht es um all die Dinge, die wir tagtäglich für selbstverständlich nehmen. Es geht darum sich all dieser Dinge wieder bewusst zu werden und zu erkennen, dass NICHTS selbstverständlich ist.

Hier einige Beispiele, wofür man dankbar sein kann:

- Für das warme Bett, in dem man schläft
- Für das Dach über dem Kopf bzw. dass man überhaupt ein Zuhause hat
- Für die Möglichkeit eine warme Dusche geniessen zu können
- Dafür, dass man gesund ist
- Dafür, dass man atmet
- Dafür, dass das Herz immer noch schlägt
- Dafür, dass man sehen, riechen, schmecken, fühlen, gehen, springen, etc. kann
- Dafür, dass ein neuer Tag auf die Nacht folgt
- Dafür, dass man lebt

Die Liste der Dinge über die wir in unserem Leben dankbar sein können, lässt sich beinahe endlos verlängern. Besonders dann, wenn wir zu erkennen beginnen, welcher Reichtum uns und unser Leben tatsächlich umgibt.

Wenn wir erkennen, dass nichts selbstverständlich ist, dann beginnen wir auch uns vom Leben reichlich beschenkt zu fühlen. Und so öffnen wir uns dem Gefühl der Fülle und halten den Schlüssel zu innerem Reichtum in der Hand.

Ich möchte Dich einladen, dass Du Dir einen Moment Zeit nimmst um für Dich selbst aufzulisten, wofür Du alles dankbar sein kannst in Deinem Leben. Tue dies gedanklich oder noch besser sogar schriftlich, damit Du Dir wirklich bewusst wirst, wie viel Du bereits hast.

Herbstgedanken

Der Herbst zeigt sich bereits in all seiner farbigen Pracht und auch der Winter nähert sich uns langsam. Damit kommt auch wieder die Zeit der Einkehr. Die Zeit, in der wir vermehrt nach Innen gehen können - symbolisch wie auch faktisch, indem wir wieder vermehrt Zeit Zuhause verbringen.

Es ist auch die Zeit, die uns einlädt, Altes loszulassen und zu prüfen, was wir ins neue Jahr hinein nehmen möchten und was wir lieber im alten Jahr zurücklassen möchten.

Es ist damit auch die Zeit uns Gedanken darüber zu machen, welche Samen wir bereits jetzt säen möchten für das neue Jahr.

Es ist aber auch die Zeit, in der uns vieles verlässt, was uns nicht mehr dient.

Auch viele geliebte Menschen und Tiere verlassen uns vermehrt in dieser Zeit. Und ich zünde heute in stillem Gedenken eine Kerze an für all jene, die bereits weitergezogen sind - sei es in diesem Jahr oder in den Jahren zuvor.

Der sichtbare Wandel des Herbstes erinnert uns daran, dass alles vergänglich ist. Dass wir umgeben sind von Veränderung. All dies erinnert uns dadurch auch daran, dass all das, was wir erleben dürfen stets ein Geschenk ist.

Ich möchte Dich einladen in dieser besonderen Zeit vermehrt in die Stille zu gehen. Denn die Dunkelheit lädt uns auch dazu ein, das Licht in uns selbst zu finden und zu entzünden.

Zu guter Letzt möchte ich Dir eine Frage mitgeben, die mich persönlich seit einiger Zeit begleitet: Denkst Du noch - oder lebst Du schon?

Kurzgeschichte zum Abendausklang

Einst stand ein kleines Mädchen mitten in einem prächtigen Blumenfeld, denn sie war auf der Suche nach der Schönsten aller Blumen.

Als sie diese nach langer Suche gefunden hatte, sprach sie zur Blume: "Endlich habe ich Dich gefunden. Du bist tatsächlich die Allerschönste von allen! Du bist die Richtige!"

Darauf antwortete die Blume in sanftem Ton: "Du hast nun sehr lange nach mir gesucht. Aber hast Du denn all die Schönheit nicht gesehen, die auf diesem Feld noch zu finden ist? Achtlos bist Du an vielen anderen Blumen vorbei gelaufen...

Verfalle nicht der Illusion, dass eine prachtvoll blühende Blume mehr wert sei, als eine Andere. Beende Deine Bewertung und öffne Dein Herz für die weniger augenscheinliche Schönheit, die in allem und jedem zu finden ist.

Wir alle sind gleich und keine Blume ist mehr wert als eine Andere - auch wenn unsere Erscheinungen noch so verschieden sein mögen."

Fliegen lernen...

Fliegen zu lernen, bedeutet voller Vertrauen ins Ungewisse zu springen - wie ein Jungvogel bei seinem ersten Sprung aus dem gemachten Nest...

Die Sache mit der vermeintlichen Kontrolle....

Der Kopf/Verstand sagt: "Wenn Du gut planst und vorausdenkst, dann hast Du das Leben im Griff und bist viel besser vorbereitet!"

Das Herz sagt: "Wenn Du dem Leben vertraust, brauchst Du es nicht zu kontrollieren, denn Du weisst, dass alles was und wie es geschieht absolut richtig ist."

So oder so ähnlich kennen wohl viele von uns die unterschiedlichen Stimmen in unserem Inneren.
Doch wer hat denn nun Recht?
Meine Antwort: BEIDE!

Wir müssen ein Stück weit planen und strukturieren, sonst würde unser Alltag nicht wirklich funktionieren.

Doch genauso wichtig ist es sich dem Fluss des Lebens hinzugeben und anzunehmen, was sich zeigt.

Dazu habe ich vor vielen Jahren mal einen schönen Satz gefunden, der es direkt auf den Punkt bringt: "You can't stop the waves, but you can learn to surf!" ("Du kannst die Wellen nicht stoppen, aber Du kannst lernen zu surfen") ☺

Wenn wir also lernen die Balance zwischen Kopf/Verstand und Herz herzustellen, wird der Weg frei für ein Leben in Frieden und Harmonie. Das klingt zwar kitschig, ist aber so.

Unsere Aufgabe ist es beiden Aspekten ihren Raum zu geben und uns nicht etwa für das Eine und somit gegen das Andere zu entscheiden.

Wenn wir lernen zu planen, vorauszudenken und zu strukturieren und dabei aber dennoch offen bleiben für die eigenen Wege und Kurven des Lebens, dann schaffen wir Raum für unseren inneren Frieden.

Wenn das Leben etwas also anders macht, als wir es möglicherweise geplant haben, dann sollten wir uns zurücklehnen, lächeln und darauf antworten: "Aha, okay. Du - liebes Leben - hast wohl etwas Anderes im Sinn. Ich lasse mich gerne darauf ein, denn ich weiss, dass Du es immer richtig machst und zwar für alle Beteiligten - auch wenn ich das womöglich jetzt noch nicht erkennen kann."

Seelentürchen

Und ich frage mich... ist es womöglich die Angst vor der wirklichen Wahr-/Realwerdung unserer tiefsten und innersten Träume, die uns hemmt, eben diese Träume wahr werden zu lassen? Sie zu erschaffen?

Vielleicht sollten wir statt der Verwirklichung unserer Träume nachzueifern, unseren Blick vermehrt auf die Frage werfen: "Könnte ich dieses Geschenk tatsächlich annehmen, wenn es das Leben mir - einfach so - JETZT übergibt?"

Es ist sehr spannend, welche Antworten und somit "Seelen-Türchen" hinter dieser Frage auftauchen...

Schenke der Welt ein Lächeln und sie lächelt zurück...

Lächeln wird immer rarer in unserer Gesellschaft. Doch eigentlich ist es ganz einfach Fröhlichkeit zu verbreiten: Lächle selbst!

Egal ob an der Kasse, am Fussgängerstreifen oder bei der Arbeit. Und erst Recht, wenn Dein Gegenüber frustriert wirkt.

Negative Emotionen sind genauso ansteckend wie positive - DU entscheidest, worauf Du Dich konzentrierst...

Versuch es einfach mal, wenn Du beispielsweise einer frustrierten Kassiererin begegnest: Lächle, öffne Dein Herz für sie und zeige ihr Deine Dankbarkeit für das, was sie macht. Du wirst über das Resultat staunen!

Und wer weiss, vielleicht rettest Du genau damit ihren Tag und vielleicht denkt sie noch am Abend an die warme Begegnung mit Dir und fühlt sich inspiriert, selbst wieder fröhlicher anderen Menschen zu begegnen.

Was Du nach Aussen trägst, beeinflusst weit mehr als nur Dich selbst und Dein unmittelbares Umfeld. Wenn wir alle beginnen mehr Fröhlichkeit, Wertschätzung und Liebe in die Welt zu tragen, dann vermehrt sich dieser Samen und es kommt am Ende zu uns zurück.

Sei eine Inspiration für Andere, indem Du Dich so verhältst, wie Du es Dir von den Anderen wünschst...

Die inneren Kriege

„Wie beende ich meine inneren Kriege?" fragt der Verstand.

„Indem Du sie liebevoll akzeptierst", antwortet das Herz.

Solange Du versuchst Deinen Unfrieden loszuwerden, solange befindest Du Dich im Kampf gegen Etwas. Und in einem Kampf gibt es immer nur Gewinner oder Verlierer – aber keinen Frieden.

Doch wenn Du erkennst, dass Trennung ein vom Ego geschaffenes Produkt ist, dann wirst Du lernen die Einheit in der Dualität zu finden.

Liebe bedeutet...

Nah sein, ohne einzuschränken...
Da sein, ohne zu bevormunden...
Erkennen, ohne zu bewerten...
Annehmen, ohne verändern zu wollen...
Begleiten, ohne lenken zu wollen...

Veränderung

„Wann wird sich meine Situation endlich verändern?" fragt der Verstand.

„Sobald Du daran glaubst, dass es sich verändern kann", antwortet das Herz.

Das ist Dein Spiegelbild - das bist Du!?

Einem Kind wird der erste fragende Blick in den Spiegel wohl meist so erklärt: "Das bist Du! Das ist Dein Spiegelbild".

Eigentlich stimmt das, eigentlich... Besser wäre wohl: "Das ist ein mögliches Abbild von Dir".

Denn je nach Spiegel mag es wieder ganz anders aussehen. Wir aber lernen mit der klassischen Erklärung Folgendes: Dass das Wir sind. Kurzum: Ich BIN mein Spiegelbild.

Und so beginnen wir bereits uns unbewusst von unserem wahren SEIN zu entfernen. Indem ein Konstrukt entsteht, das uns mit etwas im Aussen - unserem Spiegelbild - definiert und unweigerlich verknüpft.

Vielleicht sollten wir uns künftig beim Betrachten im Spiegel sagen: Das ist ein aktueller Aspekt von mir - eine Momentaufnahme in diesem einen Spiegel aus diesem einen Blickwinkel dargestellt - ein kleiner Teil meines grossen Ganzen.

Dunkle Wolken

Es ist der Mangel an Liebe und Vertrauen, der uns blockiert und Raum für Ängste freigibt...

In Zeiten in denen wir vor uns dunkle Wolken aufziehen sehen, sind wir es, die entscheiden, ob wir unseren Blick weiter starr auf die Wolken richten wollen. Oder ob wir unseren Blick der Sonne, die sich direkt über uns zeigt, zuwenden wollen.

Die Wolken mögen tatsächlich kommen, vielleicht ziehen sie aber auch weiter, ohne dass sie uns tatsächlich begegnet wären. Das Leben - die Natur - hat seine ganz eigene Dynamik.

Im Jetzt gibt es nur Liebe und Vertrauen, denn nur das Jetzt ist wirklich greifbar und real.

Wenn Dein Verstand Amok läuft in einer potenziellen Zukunft, hol ihn sanft zurück in den augenblicklichen Moment. Während Du geschützt da stehst und die Wolken einfach nur aus der Ferne beobachtest und die Kontrolle über das, was kommen mag, aufgibst...

Wachstum

Wir leben in einer unglaublich spannenden und transformativen Ära. Zur Zeit empfinde ich die aktuell herrschende Phase als wieder einmal sehr intensiv. Wie eine hohe Welle in einem bereits aufgewühlten Ozean.

Vieles, was uns nicht mehr dienlich ist, möchte sich nun verabschieden. Gleichzeitig treten unsere - teils kühnsten - Träume in immer greifbarere Nähe. Doch dabei dürfen wir nicht vergessen: Damit Neues entstehen und wachsen kann, müssen wir zuerst Altes entrümpeln und verabschieden.

Manchmal mag dies schmerzlich sein oder einfach unangenehm. In diesem Moment können wir aber lernen das, was wir gerade erleben/erfahren, bejahend anzunehmen. Indem wir uns einfach zurücklehnen und dem stattfindenden Wachstums- und Entwicklungsprozess mit einem Lächeln entgegen treten. Wie ein heranwachsendes Kind, das neugierig sich und seine Welt erforscht.

Erinnern wir uns: Als unser Körper am Wachsen war, war auch dies teilweise schmerzhaft oder unangenehm.

Doch ob wir Wachstum - sei es unser eigenes oder das von anderen Menschen oder Situationen/Gegebenheiten, die sich dadurch vielleicht von uns wegentwickeln - als Negativ wahrnehmen oder als Positiv werten, liegt in unserer eigenen, bewussten Entscheidung.

Loslassen ist meist dann schwer, wenn wir unser Blick zu sehr auf das, was weg geht, richten. Anstatt auf das Potenzial, das darin verborgen liegt.

Deinen Körper lieben

Du brauchst keinen perfekten Körper um Dich selbst zu lieben. Aber wenn Du damit beginnst Dich selbst zu lieben, erkennst Du, dass Dein Körper perfekt ist

Gibt Deinem Verstand eine Aufgabe!

Gib Deinem Verstand eine Aufgabe, wenn er wieder einmal Amok läuft...

Unser Verstand ist kein Feind, den es zu bekämpfen gilt. Denn der Weg zum Frieden führt selten über Krieg.

Um ihm Aufgaben zu geben, müssen wir zuerst verstehen, was er eigentlich tut. Unser Verstand funktioniert wie ein Wachhund. Er sucht ständig die Umgebung ab nach potenziellen Gefahren. Und darin ist er meist so versiert, dass er bei jeder Kleinigkeit gleich völlig hysterisch um uns herum rennt, aufgeregt bellt bzw. Alarm schlägt und uns damit regelrecht bedrängt.

Nun könnten wir versuchen ihm einen Maulkorb anzulegen und ihn anzuketten. Aber clever wie er ist, wird er dennoch einen Weg finden um auf sich aufmerksam zu machen.

Oder aber, wir geben ihm eine klar abgegrenzte Aufgabe, erinnern ihn daran, was sein eigentlicher Job ist. Fördern ihn in dem, was er gut kann und setzen gleichzeitig liebevoll Grenzen.

Woher sollte er denn auch wissen, bis wohin seine Kompetenz reichen soll, wenn wir ihn bisher immer nur abzuwimmeln oder mundtot zu machen versuchten?!?

Er ist gut darin, uns auf Gefahren aufmerksam zu machen. Und das soll er ja auch. Denn so bleiben wir wachsam, achtsam und können frühzeitig neue Wege einschlagen, wenn nötig. Indem wir ihm dafür Dankbarkeit und Wertschätzung entgegen bringen, beruhigt er sich bereits.

Er bleibt aber noch angespannt, auch wenn er aufgehört hat zu bellen. Wenn wir ihm nun noch liebevoll erklären, dass wir die vermeintliche Gefahr auch sehen, aber uns zutrauen selbst zu entscheiden wann und wie wir darauf reagieren, kann er wieder entspannt auf sein Plätzchen zurück und weiter seinen Job machen: Ausschau halten und berichten. Punkt.

Limitierungen

Was wärst Du ohne Deine Limitierungen?
Grenzenlos und frei...

Getrennt sein

Die grösste Illusion des Menschen besteht im Gefühl der Getrenntheit.

Getrenntheit von Gott (wem diese Bezeichnung zu negativ behaftet ist, kann sie einfach austauschen), von der Natur, von anderen Menschen, von Tieren - schlicht allem, was uns umgibt.

It's time to wake up!

Be- & Verurteilungen

Jedes Mal wenn wir das Leben oder Handeln anderer Menschen be- oder gar verurteilen, schneiden wir uns ein Stück mehr ab von unserer eigenen Freiheit.

Wir können andere Leben immer nur durch die Brille unseres eigenen Lebens - unserer eigenen Realität - betrachten. Doch ist dies wirklich ein angemessener Massstab?

Wir sind nicht denselben Pfad in denselben Schuhen gelaufen, wie der Andere. Woher sollten wir also mehr wissen?

Indem wir Andere verurteilen, erlauben wir uns selbst nicht der- oder diejenige zu sein, der/die wir wirklich sind. Wir setzen uns damit eigene Grenzen und merken es oft noch nicht einmal.

Dass wir be-/verurteilen, können wir nicht verhindern. Aber wir können uns darin schulen solche Urteile zu erkennen und zurück zu nehmen. Andernfalls kommen sie aber sowieso irgendwann wieder auf uns zurück.

Herausforderungen

Manchmal, wenn das Leben Dir etwas schickt, das Du nicht kontrollieren kannst. Etwas, das Deine innersten Ängste weckt. Etwas, bei dem Du glaubst zu zerbrechen oder zu scheitern. Dann möchte das Leben Dir vielleicht nur die Plattform bieten, die Du brauchst, um durch Deine Ängste hindurchgehen zu können. Und Deine ewige Kontrolle endlich loszulassen.

Jede Herausforderung bietet Dir lediglich das Lernumfeld, das Du genau in diesem einen Moment benötigst um den nächsten Schritt gehen zu können. Eine Gelegenheit zu lernen, zu wachsen und letztendlich Deinem **wahren Kern und Sein** näher zu kommen.

Und womöglich führt Dich genau diese eine Reise zurück "nach Hause". Zurück zu Dir... zurück zu "Gott"...

Es ist Deine Entscheidung, ob Du weiterhin gegen diesen Weg, gegen dieses Lernumfeld, ankämpfen willst. Oder ob Du Dich vertrauensvoll dieser Reise, die sich einzig und allein FÜR DICH vor Dir ausbreitet, hingeben willst.

Die Stimme Deiner Intuition

Um mit Deiner inneren Stimme, Deiner Intuition, aber auch den Tieren, den Pflanzen, den Ahnen und allen anderen Wesenheiten in Kontakt zu kommen, musst Du nur lernen zuzuhören.

Alles spricht zu Dir, seit Anbeginn Deiner Zeit! Du hast es nicht verlernt, Du hast lediglich Deine Muttersprache, Deine ursprüngliche Seelensprache, getauscht gegen die lautere Stimme der Aussenwelt. Wähle neu, tausche erneut und finde den Zugang wieder indem Du Dich der Stille widmest. Besonders der Stille Deiner viel zu aktiven Gedanken. Aber auch der Stille, fernab von Ablenkungen und unnatürlichen Geräuschen.

Du musst nichts Neues lernen, sondern nur Bestehendes vergessen....

Nacheifern

Solange Du versuchst jemand Anderem nachzueifern, wie er/sie zu werden oder glaubst Du müsstest etwas so tun wie er/sie. Solange wirst Du nicht zu Dir selbst, Deinem wahren Kern, Deinem ursprünglichen Sein finden. Denn dadurch verschliesst Du nur die Tür zu Deinem ganz eigenen Dasein.

Wer zu sich selbst findet, der findet zu Gott...

Ich spreche hier nicht von dem religionsgeprägten Gott. Denn das, was dabei als Gott bezeichnet wird, hat in meiner Wahrnehmung wahrlich rein gar nichts mit dem ursprünglichen Wesen Gottes gemein. Ein Gottesbild, das auf Trennung, Macht, Rache und Gewalt beruht, kann nicht Gottes Werk bzw. Absicht sein.

Traurig an sich, dass man sich heutzutage bei der Nutzung des Wortes "Gott" zuerst erklären muss...

Ich spreche eher von der liebenden Energie, die uns alle umgibt. Die uns leitet, führt und nur einen Zweck verfolgt: Uns näher zu uns selbst, zu allem, was uns umgibt und letztlich zu Gott zu führen. Von der Trennung in die Einheit.

Gott findet man nicht durch Bücher, nicht in monumentalen Bauten, nicht in vorgeschriebenen Lebensinhalten und am Wenigsten in der Trennung.

Man findet Gott aber in jedem Wesen, jeder Pflanze, jedem Stein, jedem Gewässer, in jeder Begegnung, in jeder Erfahrung, in jedem einzelnen Atemzug...

Seine Art uns zu lieben ist bedingungslos. Er wünscht sich lediglich, dass wir zurück nach Hause finden, zurück zu uns Selbst, zu unserem wahren Kern. Und damit auch automatisch zurück zu ihm.

Er lässt uns dabei die Zeit, die wir benötigen. Lässt uns die Erfahrungen machen, die sich unsere Seele noch wünscht. Er drängt oder bedrängt uns nicht. Und er macht keine Vorgaben.

Denn, er liebt uns für das, was wir sind. Jetzt, genau in diesem einen Augenblick und für immer...

Im Jetzt ankommen

Im Jetzt zu leben und anzukommen, hat auch viel mit Vertrauen zu tun.

Zu vertrauen, dass man in jedem einzelnen Moment die richtige Entscheidung trifft, ohne sich zu viele Gedanken über ein mögliches Morgen zu machen.

Zu vertrauen, dass man in seinem Leben von einer höheren Macht geführt wird.

Und gänzlich einzutauchen in die Richtigkeit jedes einzelnen Moments.

Jeden Moment, der jemals war, der gerade ist oder sein wird anzunehmen und anzuerkennen als Teil Deines ureigenen Weges.

"Das Leben macht keinen Sinn"

Mit diesem Satz hat mich meine beste Freundin und Seelenschwester vor einigen Wochen konfrontiert. Mein Innerstes ging daraufhin regelrecht auf die Barrikade. Konnte und wollte ich so einen Satz für mich nicht akzeptieren.

Nunja, ich habe gelernt, dass es sich lohnt genauer hinzuschauen und hineinzuspüren, wenn ich "täubelnd" werde.

Zuerst erkannte ich, dass es besagt "macht keinen Sinn", und nicht "hat keinen Sinn". Das sind zwei paar Schuhe.

Wie immer lieferte mir die Natur weitere Antworten... Durch den Wald spazierend, fragte ich mich, was die Bäume wohl dazu sagen würden... und tatsächlich, ihr Leben "macht" keinen Sinn, genauer gesagt, es verfolgt kein zwingendes Ziel. Sie existieren um da-zu-sein, um zu leben. Der Sinn des Lebens ist das Leben selbst.

Vielleicht sollte man die ursprüngliche Aussage daher wie folgt ersetzen: "Das Leben muss keinen Sinn machen."

Und, wie spannend!
Lässt man diesen Satz auf sich wirken, spürt man wie etwas von einem abfällt. Wie eine Kette, die uns bislang fesselte. Wir erlösen und erleichtern uns von dem ständig bestehenden Druck irgendetwas erreichen zu müssen. Irgendetwas einen Sinn geben zu müssen.

Und schon öffnet sich die Tür zum Leben im Jetzt, zum wirklichen Da-Sein, einen Spalt weiter. Denn im Jetzt muss das Leben nur einen Sinn machen: Leben!

Es gibt nichts zu erreichen, ausser das Leben selbst.

Bewusst, atmend, spürend.

Ganz im einzelnen Moment.

Ganz im Jetzt zu sein, ist unsere einzige Aufgabe. Atmen und da-sein. Eigentlich ganz unspektakulär...

Innerer Frieden

Inneren Frieden zu finden, bedeutet nicht, dass man keine schlechten Tage mehr hat. Oder mit keinen "Problemen" oder Herausforderungen mehr konfrontiert wird. Oder immer gesund oder ständig nur gut gelaunt ist.

Aber auf dem Weg zum inneren Frieden wird der eigene Ozean bei Stürmen nicht mehr so stark aufgewühlt, wie vielleicht zuvor. Illusionen werden rascher enttarnt, Stürme beruhigen sich schneller und das Meer wird insgesamt ruhiger.

Wenn Du glaubst, dass innerer Frieden gleichbedeutend ist mit "keine Probleme mehr haben" oder "ständig gut gelaunt sein", wirst Du stets scheitern und nicht finden wonach Du suchst.

Dazu erinnere ich mich gerne wieder an das englische Zitat: "You can't stop the waves, but you can learn to surf!" Also schnall Dir Dein Surfbrett um und geh Wellen reiten!

Denn im Leben geht es nur darum zu lernen und Erfahrungen zu machen. Und dabei ganz da-zu-SEIN.

Es geht nicht darum diese Erfahrungen oder Lernprozesse zu bewerten oder gar vermeiden zu wollen. Sondern mit allem zu tanzen - leichtfüssig, vertrauensvoll und voller Hingabe.

Mantra des Tages: "Ich habe genug, ich habe alles, was ich brauche"

Das Gefühl des Mangels ist eine der stärksten vorherrschenden Illusionen, die uns gefangen hält und unser Gefühl des Kleinseins regelrecht potenziert.

Man hat nicht genug... nicht genug Geld, nicht genug Liebe, nicht genug Zeit, usw.

In allen Bereichen unseres Lebens macht sich das Mangeldenken breit - manchmal offensichtlich und manchmal eher versteckt. Es treibt uns beständig an immer mehr zu wollen. Mehr von allem. Denn es ist niemals genug, ausser wenn wir uns bewusst dafür zu entscheiden beginnen!

In diesem Sinne: Stimm Dich heute gemeinsam mit mir auf das obige Mantra ein und beginne mit der bewussten Entscheidung, dass alles genug ist.

Mantra des Tages: "Ich glaube an Wunder!"

Wer nicht an Wunder glaubt, der verschliesst ihnen damit automatisch die Tür.

Wer stattdessen sein Herz alleine für die Möglichkeit von Wundern öffnet, bei dem beginnen sie ins Leben zu treten.

Mantra des Tages: "Ich erhebe nicht länger den Anspruch - weder an mich, noch an Andere - perfekt zu sein!"

Solange wir Perfektion suchen, müssen wir immer wieder enttäuscht werden.

Erst wenn wir uns selbst und Anderen ihre "Fehler" zugestehen können, betreten wir den Weg zum Frei-Sein.

Niemand wird jemals perfekt sein. Wirklich NIEMAND. Denn wir Alle, und damit meine ich wirklich JEDEN, sind hier um zu Lernen und Erfahrungen zu machen.

Vielleicht müssen wir erst damit beginnen "Fehler" nicht mehr als solche zu sehen, um den Gedanken an Perfektion loslassen zu können. Denn "Fehler" sind letzten Endes nichts weiter als notwendige (!) Erfahrungen.

Mantra des Tages: "Ich liebe um der Liebe willen!"

Solange Liebe an Bedingungen oder gar Erwartungen geknüpft ist, ist es keine wirkliche Liebe.

Denn wahrhaftige Liebe, diejenige die aus dem Herzen, aus der Tiefe der Seele kommt, ist bedingungslos.

Mantra des Tages: "Ich lasse los, was gehen möchte!"

Loslassen, fällt uns oft schwer.

Wenn wir uns aber dem Gedanken öffnen, dass alles, was geht, gehen muss, weil eine damit verknüpfte Veränderung notwendig ist, dann beginnt das Loslassen einfacher zu werden. Denn damit begeben wir uns in eine übergeordnete Perspektive, in Demut und Vertrauen.

Hingegen ist der Schmerz des Loslassens nicht zu verwechseln mit dem Prozess des Trauerns. Denn Trauer ist wichtig, weil wir uns damit auch bewusst von dem verabschieden, was war.

Frage Dich: Was könnte ich jetzt loslassen? Welcher Gedanke, welche Überzeugung, welches Muster ist mir längst nicht mehr dienlich? Was möchte sich in meinem Leben verabschieden?

Wenn Du etwas gefunden hast, dann nimm Dir Zeit es bewusst zu verabschieden. Trauere, wenn Du Dich danach fühlst. Bedanke Dich dafür, dass es da war, denn es hat Dich genau hier hin gebracht.

Dann öffne Deine Arme für das, was nun stattdessen in Dein Leben treten möchte.

Wenn etwas geht, kommt etwas Neues. Freue Dich darauf, auch wenn Dir das Neue noch unbekannt erscheint.

Mantra eines Vollmond-Tages

"Ich entscheide mich hier und jetzt bewusst für ein Leben ohne Angst. Für ein Leben, in dem ich für meine Wünsche und Visionen kämpfe und mich innerlich komplett danach ausrichte. Und nicht länger Entscheidungen fälle, die insgeheim von Angst geleitet werden."

Die Kraft der Elemente nutzen: Feuer

Die Natur bietet uns alles, was wir brauchen - im physischen Sinn, wie auch energetisch betrachtet.

Das Feuer ist der Inbegriff von Transformation. Es verwandelt Holz in Asche und Rauch und lässt harte Metalle weich werden.

Es benötigt das Element Luft um zu existieren. Und erhält im Wasser einen sanften Gegenspieler mit gewaltigen Kräften. Und es braucht die Erde, um "Nahrung" zu erhalten.

Feuer hilft uns dabei loszulassen und zu verändern (transformieren).

Nutzen können wir es, indem wir - tatsächlich oder nur in unserer Vorstellung - dem Feuer übergeben, was wir loslassen und verändern möchten, beispielsweise in einem Brief, den wir verbrennen. Aber auch jedes Mal, wenn wir eine Kerze anzünden, schenkt sie uns die Möglichkeit etwas abzugeben und verbrennen zu lassen.

Das Feuer erinnert uns daran, dass Nichts beständig ist und aber gleichzeitig nichts wirklich vergeht oder verschwindet. Es verändert sich lediglich in seiner Gestalt und Form.

Schöpferbewusstsein vs. Schicksal

Heute habe ich in der geistigen Welt mal nachgefragt, wie wir Schöpferbewusstsein und Schicksal unter einen Hut bringen können.

Denn mir war bisher oft nicht klar, wie wir uns als Schöpfer unseres Lebens betrachten können, während wir gleichzeitig auch an Schicksal glauben.

Die erhaltene Antwort möchte ich gerne teilen, da ich sie verständlich und inspirierend zugleich finde: "Stell Dir vor, dass alles Potenzial vorhanden ist. Dass also jede Situation, jedes Erlebnis in unendlich vielen Versionen "verfügbar" ist. Der Weg durch diese Potenziale ist teilweise vorgegeben, doch oft eher als übergeordnetes Ziel und nicht als fixe Wegvorgabe. Eher wie Leitplanken.

Den Weg dorthin bzw. durch die Potenziale hindurch bestimmst Du selbst - das ist das Geschenk des freien Willens und des Schöpferbewusstseins.
Denn Dein Schöpferbewusstsein entscheidet darüber, welche Potenziale wirklich zum Ausdruck kommen während Du Dich auf dem Weg befindest.

Ausgewählt durch Deine Ausrichtung, Deinen Fokus (der wie der Lichtstrahl einer Taschenlampe nur immer etwas Bestimmtes anstrahlen kann), Deine

Glaubenssätze, Deine Programmierungen und Gedanken."

Interessantes Bild, oder?

Aus dem Kapitel: Von der Relativität von "gut" und "böse"...

Wir alle haben (Charakter-)Eigenschaften, auf die wir besonders stolz sind. Weil sie "nett" sind, gut ankommen, belobt werden. Wir fühlen uns dafür geliebt, geachtet und geschätzt.

Und so mehren wir diese Seiten an uns fleissig, um noch mehr von der Anerkennung zu bekommen.

Doch merken dabei gar nicht, dass wir damit aus der natürlichen Balance geraten. Denn so werden wir einseitig, und je mehr wir eine Seite mehren, desto weiter stossen wir die andere Seite von uns weg.

Doch das, was wir wegstossen, sucht unweigerlich einen anderen Weg zu uns. Denn die Natur strebt nach Balance - nach Integration.

Und plötzlich erscheint das vermeintlich Gute, das wir immer so gerne zelebrierten, wie eine Barriere, die wir um uns herum aufgebaut haben. Und wir erkennen, dass es Zeit wird ALLE Anteile in uns zu integrieren und in Balance zu bringen.

"Reiss Dich zusammen!"

Wie oft hören wir das?

Zu oft - meiner Meinung nach..

Ich liebe es ja Worte und Sätze auseinander zu nehmen und genauer unter die Lupe zu nehmen.

Wie kann man denn etwas ZUSAMMEN-REISSEN? Etwas zerreissen oder auseinanderreissen ist fernab von zusammenführen. Allein hierin liegt die Kontroverse des Satzes. Und ich finde: es lohnt sich das mal auf sich wirken zu lassen

Perspektivenwechsel

Letzte Woche erzählte mir jemand von ihrem ersten Helikopterflug. Sie war vor allem davon fasziniert wie "nichtig" alles von da oben wird.

Das hat mich daran erinnert, wie wichtig und wertvoll so ein Perspektivenwechsel ist.

Manchmal sollten wir uns von unseren "Problemen" einfach mal distanzieren um nicht vom Strudel der Sorgen und Ängste mitgerissen werden.

Uns den Blick aus einer höheren und grosszügigeren Perspektive erlauben. Oder unseren zeitlichen Massstab erweitern. Zum Beispiel mal in "10 Jahren denken" statt in Stunden oder Tagen, Wochen oder Monaten.

In diesem Sinne: Strecke heute Deine Flügel aus, flieg hoch in die Lüfte und betrachte alles neu.

Ein solcher Perspektivenwechsel ändert nichts an der Sache, doch er ändert womöglich Alles für Dich!

Glaube an Dich und Deine Träume!

Wenn die Stimme in Deinem Kopf Dir wieder einmal weis machen will, dass Du etwas nicht kannst oder niemals schaffen wirst. Dann widersprich ihr einfach liebevoll.

Erinnere Dich daran, dass diese Stimme nur ein Echo ist aus vergangener Zeit. Und der Widerhall der Angst von anderen Menschen.

Gib ihm zu verstehen, dass Du nicht länger bereit bist auf diese Gedanken zu hören. Dass Du selbst herausfinden möchtest wozu Du fähig bist. Dass Du nicht länger bereit bist, Deine Grenzen von Anderen definieren zu lassen. Und es nun an der Zeit ist selbst zu entdecken, wo Deine wahren Grenzen liegen.

Strecke Deine Flügel aus, mach Dich gross und flieg los.

Es ist Dein Leben, es sind Deine Atemzüge - Du entscheidest!

Verborgenes Potenzial

In jeder noch so schweren Situation steckt immer auch Potenzial. Denn Dualität ist ein Naturgesetz. Einseitigkeit kennt die Natur nicht.

Die Frage ist, wonach Du Dich ausrichtest.

Starrst Du wie erstarrt und voller Angst auf das Negative? Oder lässt Du Dich davon einladen Dich auf die Suche nach dem Potenzial, das darin genauso enthalten ist, zu begeben.

Schwierigkeiten sind nicht dazu da, um Dich zu ärgern, zu quälen oder Dich leiden zu lassen. Sie sind eine Einladung des Lebens um zu wachsen und Dich zu befreien. Dich zu ent-wickeln.

Dein Leiden entsteht einzig und allein durch Deine (unbewusste) Wahl etwas einseitig und negativ zu betrachten.

Suche das Potenzial hinter der Negativität, die Botschaft, die dahinter steckt.

Die Situation zeigt sich Dir auf Deiner persönlichen Lebensbühne, weil Sie zum Theaterstück Deines Lebens gehört. Daher vergiss dabei nicht: Du bist Erschaffer und Regisseur, nicht bloss Schauspieler.

Sturzflug

Manchmal gibt es Momente im Leben, in denen man sich fühlt, als würde sich unter den Füssen ein rabenschwarzes Loch aufreissen. Du fällst und fällst, versinkst in der finstersten Dunkelheit und siehst am Ende des Loches nur Spiesse am Boden, die Dich zu erwarten scheinen.

Manchmal hat dieser Sturzflug eine bekannte Ursache. Und manchmal (vermeintlich) keine - oder zumindest keine offensichtliche.

Doch egal warum Du gerade stürzt, lass es einfach geschehen. Je mehr Du die Spiesse anstarrst, desto gelähmter fühlst Du Dich.

Ironischerweise liegt die Befreiung aus dieser Lähmung darin einfach nichts zu tun. Einfach da zu sein, den Sturzflug anzunehmen, abzuwarten.

Lass alles, was gefühlt werden will, einfach zu. Vergiesse Tränen, so viele wie kommen möchten. Sie werden Dir helfen durch den Sturzflug hindurch zum späteren Steigflug anzusetzen.

Alles in Dir versucht Dir in diesen Momenten einfach nur zu sagen: Lass los!

Wenn Du nicht weisst, was Du denn da gerade loslassen sollst, dann lass Dich tiefer fallen. Je näher Du den Spiessen kommst, desto mehr verwandelt sich ihre Schärfe in Deine Klarheit.

Ent-Täuschung

Eine Ent-Täuschung ist eigentlich keine traurige Angelegenheit. Ausser wir bewerten sie als solche.

Eigentlich weist sie uns auf Täuschungen hin, denen wir unterlagen. Eine Fehleinschätzung, eine falsche Meinung oder ein falsches Bild.

Wenn wir uns auf die Suche nach der Täuschung machen, die sich nun entlarven will, so können wir daraus ein freudiges Ereignis machen.

Denn wie beim Adventskalender geht ein weiteres Türchen zu unserem wahren - befreiten - Selbst auf.

Ist doch aufregend, oder?

Die Geschichte von Jesus mal anders betrachtet...

Obwohl ich mit Religion (zumindest in der Art und Weise, wie sie oft interpretiert und ausgelebt wird) nicht besonders viel anfangen kann und auch vor langer Zeit schon aus der Kirche ausgetreten bin, kenne ich natürlich die Geschichte von Jesus. Wer kennt sie schon nicht… und ich denke tatsächlich manchmal auch gerne über Inhalte aus der Bibel nach.

Heute hat mein Geist die Geschichte von Jesus - warum auch immer - plötzlich mal von einem anderen Standpunkt aus betrachtet bzw. den Fokus auf einen anderen Aspekt verschoben.

Wenn es um Jesus geht, spricht man meist von seinen Botschaften, seinen Fähigkeiten und seinen Taten. Also vor allem von seinem Leben.

Doch vielleicht ist der letzte Teil seiner Geschichte - und die Botschaft, die dahinter steckt - genauso wichtig, wenn nicht vielleicht sogar wichtiger.

Nämlich, dass er genau wegen dem, was er war und was er tat, zuletzt am Kreuz hing!

Und warum? Weil es mächtige Menschen gab, die dies befahlen.

Jesus lehrte die Menschen Liebe und Mitgefühl, er zeigte ihnen wie einfach Heilung geschehen kann, wie Wasser in Wein verwandelbar ist und genug Nahrung für alle da sein kann. Und bei all dem, erinnert er die Menschen auch daran, dass auch sie ein Kind Gottes sind - genau wie er. Man könnte sogar soweit gehen zu behaupten, dass Jesus lediglich ihre Schleier lüften und ihnen durch seine Taten die beinahe grenzenlosen Fähigkeiten und Möglichkeiten, die in jedem schlummern würden, zeigen wollte. Indem er sagte: „Ich bin, wie ihr und ihr könnt sein, wie ich! Erinnert Euch!"

Tja, und dann kam da das Kreuz...
Soweit die Hintergründe.

Doch das, was mich heute tatsächlich etwas nachdenklich stimmt, ist der Gedanke: Und es würde heute nicht anders enden... der Mensch hat in 2000 Jahren wenig dazu gelernt.

Mal angenommen jemand mit Fähigkeiten wie Jesus wäre heute auf diesem Planeten. Und er würde nicht nur ähnliche Wunder vollbringen, sondern er würde auch behaupten, dass er Anderen beibringen könnte zu sein wie er. Er würde ihnen zeigen, wie limitiert ihr Geist wäre und welche Wunder möglich wären. Und er würde ihnen zeigen, wie sie ihr eige-

nes Potenzial genauso entfalten könnten.
Wie lange würde er wohl leben?

Da wären Forscher, die an ihm Tests durchführen wollten. Da wären Staaten, Firmen und Verbände, die seine Fähigkeiten für die Steigerung ihrer Macht nutzen wollten und verhindern wollten, dass andere Menschen zu solchen Fähigkeiten kommen könnten. Ansonsten wären die Menschen ja nicht mehr manipulierbar, denn sie wären ja dann frei. Und da wären natürlich auch Neider, die seinen Tod herbei beschwören wollten. Und so weiter und so fort...

Hmmmm... irgendwie fehlt mir zu diesem Gedanken heute ein wirkliches Schlusswort... Es bleibt die Frage: Und was, wenn genau diese Geschichte und der unbewusste Glaube an ein selbiges Ende uns daran hindert, uns frei zu entfalten und unser volles Potenzial auszuschöpfen?

Die grosse Krankheit der heutigen Zeit

Die grosse (grösste?) Krankheit der heutigen Zeit?

Das nicht Übernehmen von eigener Verantwortung und das falsche Übernehmen von nicht-eigener Verantwortung.

Diese "Krankheit" zieht sich durch alle Lebensbereiche: das Selbst, glücklich sein, Privatleben, Arbeit, Gesundheit, Nahrung, Partner, Kinder, Tiere, unsere Erde, unser Handeln, Denken und Fühlen, etc.. Und es ist für mich die Ursache von fast allem Leid.

Es ist total out Verantwortung für Eigenes zu übernehmen. Und total in, wenn man Verantwortung für Andere übernimmt oder seine eigene Verantwortung abschiebt. Deshalb ist es wiederum total out die Verantwortung für Andere oder nicht-Eigenes nicht zu übernehmen.

Dadurch entsteht in meinen Augen ein riesen Ungleichgewicht.

Es ist an der Zeit die Verantwortung zurück zu nehmen. Für das eigene Handeln, Denken und Fühlen. Und aufzuhören mit Abwälzungen und Erwartungen an Andere. Aber genauso die Übernahme von Fremd-Verantwortung nicht länger zu tragen.

Diese Welt könnte ein Planet des Friedens, der Harmonie und des Gleichgewichts sein. Wenn wir nur fähig würden das Ungleichgewicht in jeder Begebenheit zu erkennen, anzuerkennen, anzunehmen und zu verändern.

Der Beginn einer neuen Zeit, einer neuen Menschheit, ist nicht irgendwann in der Zukunft.

Er ist genau JETZT.

Und in jedem kommenden Moment in dem wir das Gleichgewicht wieder anstreben - auch, oder besonders, wenn es unangenehm oder unbequem wird.

Eine weitere Krankheit des modernen Menschen

Eine weitere "Krankheit" (und ich wähle diese Bezeichnung bewusst, da ich glaube, dass das folgend Beschriebene tatsächlich einer der Hauptgründe für Krankheiten ist) des modernen Menschen: Die Illusion der Getrenntheit von der Natur.

Wir haben gelernt uns wohlig warme und stabile Häuser zu bauen. Haben Fahrzeuge und Flugzeuge erfunden und entwickelt. Verteilen Nahrung und Rohstoffe rund um den Globus. Und unser Alltag wird zunehmend technologisierter.

All das und noch viel mehr hat dazu beigetragen den Menschen mehr und mehr von der Natur zu trennen, ja regelrecht abzuspalten.

Mit Natur meine ich aber nicht nur die Umgebung oder die Tiere. Sondern auch den Bezug und das Gefühl für natürliche Rhythmen und Zyklen. Für natürliche Ernährung und einen natürlichen Umgang mit Dualitäten wie Gesundheit und Krankheit.

Ganz allgemein gesprochen: einen natürlichen Umgang mit uns selbst und Anderen und unserer Umgebung und Umwelt.

Im Streben nach schneller, weiter, besser verliert sich die Menschheit - als Kollektiv und als jeder einzelne Mensch - zunehmends in einer Abwärtsspirale.

Dabei wäre es so einfach auszubrechen: Einfach mal vom rasenden Schnellzug abspringen! Auf die Suche nach der eigenen Wahrheit gehen und sich wieder bewusst mit der Natur und der Natürlichkeit verbinden.

Es geht wie immer (nur) um Balance. Balance zwischen Moderne und der unantastbaren Wahrheit und Weisheit der Natur.

Die Natur ohne Mensch wäre denkbar. Aber der Mensch kann sich von der Natur weder abwenden, noch trennen, noch sie dominieren.

Je mehr wir der Natur und der Natürlichkeit zu entfliehen oder sie zu umgehen oder zu kontrollieren versuchen, desto weiter und schneller dreht sich die Spirale nach unten.

Rückverbindung ist angesagt!

Wir sind alle gleich!

Leider wird gerade dieser Satz heutzutage regelrecht missbraucht und gleichzeitig überhaupt nicht gefühlt. Wie paradox...

Der Missbrauch findet dahingehend statt, als dass heute überall - bei Mensch und Tier - der Anspruch erhoben wird, dass alle gleich zu sein haben. Insbesondere gleich zu funktionieren haben.

Wer - in welcher Form auch immer - aus der Reihe tanzt, bekommt das oft unschön zu spüren. Andersartigkeit wird teils rigoros abgelehnt und sogar bekämpft oder einfach nicht verstanden.

Doch gleichzeitig existiert innerlich dieses Gefühl, dass wir alle gleich sind oder irgendwie sein sollen, oftmals überhaupt nicht. Vorherrschend ist da eher ein Gefühl des Getrenntseins, des Andersseins.

So paradox diese beiden Gegensätze auch sind, der Erste bringt den Zweiten erst hervor.

Denn solange wir "Andersartigkeit", oder blumiger formuliert: Individualität, nicht anerkennen können - sei es im Aussen oder im Innen. Solange können wir uns nicht gleich bzw. verbunden mit Anderen fühlen.

Annahme

Manchmal rüttelt und schüttelt das Leben heftigst an uns. Unser Innerstes droht im Angesicht des Sturmes zu zerbersten. Wie ein Drahtseil scheint das Leben uns zuzuschnüren und uns dabei die Luft zum atmen zu nehmen. Mit weit aufgerissenen Augen blicken wir ungläubig in den Sturm, als könnten wir ihn damit bannen.

Doch es sind genau diese Momente, die uns nicht nur stark werden lassen. Sondern die uns die Möglichkeit bieten unser Vertrauen zu kräftigen.

Denn Vertrauen ist unabhängig davon, was sich uns grade zeigt oder wie etwas enden wird. Und genau das macht es ja auch oft so schwierig.

In den guten Zeiten sind wir voller Zuversicht, Hoffnung, Licht und Glauben. Doch klopft der Sturm an unsere Tür, werfen wir all diese Gefühle/Energien oft panisch weg und stossen sie von uns. Dabei sind es genau diese Qualitäten, die uns genau dann am allermeisten dienen würden.

Zu Vertrauen bedeutet nicht, dass man an ein positives Resultat glaubt oder sogar eine Traumvorstellung davon hat, wie etwas ausgehen könnte. Denn Vertrauen ist ans Jetzt gebunden und dehnt sich erst von dort in alle Dimensionen aus, losgelöst von dem, was irgendwann sein könnte.

Zu Vertrauen bedeutet zu wissen, dass alles seinen Sinn hat - auch oder gerade wenn wir ihn nicht sehen können. Es bedeutet zu wissen, dass wir liebevoll geführt werden - jetzt und für immer. Denn Liebe ist bedingungslos und bedeutet nicht das Gegenüber vor Schaden bewahren zu wollen.

Letztendlich will das Leben nur das Beste für uns. Nur manchmal haben wir einfach eine andere - oder schlicht keine - Vorstellung davon, was das Beste für uns wäre. Demnach tun wir gut daran uns dem Leben in liebevoller Annahme einfach hinzugeben.

Das Leben in Zyklen betrachten...

Die lineare Betrachtung des Lebens, also mit klarem Anfang und Ende in einer geraden Linie, ist vermutlich noch gar nicht so alt. Vielleicht begann diese Sichtweise mit Einführung der Zeitrechnung und Jahrzählung.

Doch das Leben gleicht vielmehr einem Zyklus, also einem Kreis.

Denn wieso sollte "das Leben" denn in einer Form verlaufen, die nicht der Natur entspricht? Die Natur besteht regelrecht aus Zyklen. Einem Kommen und Gehen im ständigen Kreislauf.

Wenn wir beginnen unser Leben als Zyklus statt als linear verlaufend zu betrachten, eröffnet sich uns eine völlig neue Perspektive.

Wie wär's mit einem Selbstversuch?
Stell Dir einmal folgende Themen als Zyklus, als ewigen Kreis, vor:
Geburt und Tod
Gesundheit und Krankheit
Glückliche Zeiten und schwierige Zeiten
Tag und Nacht
Fülle und Mangel

Ebbe und Flut
Und zuletzt: Dein eigenes Dasein

Wo ist es Dir leicht gefallen? Wo weniger? Wo klappte es gar nicht?

Die Antworten darauf - und vor allem: Gefühle dabei - liefern Dir nicht nur einen möglichen Perspektivenwechsel, sondern auch wertvolle Informationen über Dich selbst

Ankommen???

Glauben wir nicht alle immer wieder "irgendwann irgendwo anzukommen"?

Sei es im Beruf, in der Familie, im Zuhause, im Finanziellen, in der Beziehung, in einem gesellschaftlichen Status, in etwas zu Lernendem oder einfach allgemein in Vorstellungen über eine potenzielle Zukunft.

Nun... ich glaube, wir werden nur in einer Sache gewiss irgendwann ankommen: Unserem Tod.

Stillstand, den wir oft mit dem vermeintlich angenehmen Gefühl des Ankommens gleichsetzen, bedeutet letztendlich nichts Anderes als den Tod.

Doch wir sind am Leben! Da geht es nunmal nicht darum irgendwann irgendwo anzukommen. Denn das Ankunftsziel ist sowieso vorgegeben und für alle gleich.

Daher geniesse die Reise, Dein Leben - ein beständiges Gehen auf einem Weg.

Der Ursprung des Leidens

Kennst Du das, dass Du manchmal plötzlich schlechte(re) Laune bekommst und nicht weisst woher das kommt?

Dann achte Dich mal, was Du denkst bzw. was "es in Dir" denkt, bevor die Laune kippt. Halte kurz inne und denk scharf nach.

Oft sind es Gedanken, die behaupten, dass irgendetwas in Deinem Leben doch anders sein müsste. Vielleicht kommen sogar Gefühle der Schuld in Dir hoch, weil Du angeblich/vermeintlich nicht genug oder nicht das Richtige gemacht hast für etwas, was doch aber sein sollte.

Dabei handelt es sich aber eigentlich nur um Wiederholungen von früher und somit um tief verankerte Glaubenssätze und oftmals auch seelische Verletzungen aus der Kindheit.

Klassischstes Beispiel ist wohl der Schüler, der einfach nicht genug getan hat für eine bessere Note. Oder Eltern, die ihren Kindern erzählen und oft auch vorleben (weil sie es ja selber glauben), dass man im Leben eben nur genug arbeiten muss um glücklich zu werden.

Es gibt zahlreiche weitere Varianten und Beispiele für solche Dogmen in uns. Ich bin sicher, Du findest die passenden Erinnerungen aus Deinem Leben selbst.

Diese Dogmen schlagen wie Hämmer auf uns ein und ver-rücken uns. Denn sie rücken uns von uns selbst weg.

Wenn Du also das nächste Mal achtsam bist und diese und ähnliche Gedanken ertappst, während sie Dich herunterziehen wollen, dann stoppe den Film. Beende die Endlosschleife vergangener Erinnerungen, Ermahnungen, Ratschläge (man beachte, dass in diesem Wort der "Schlag" drin ist) und Überzeugungen. Und prüfe, welche für Dich in der jeweiligen Situation überhaupt stimmig sind.

Vielleicht entdeckst Du dabei, dass keine dieser Stimmen für Dich passt, geschweige denn Dir dienlich ist. Und vielleicht kommst Du dabei sogar an den Punkt, an dem Du aus Herzensüberzeugung antworten kannst: "Nein, das was ihr behauptet stimmt nicht. Ich bin genau da, wo ich sein soll. Vielleicht gefällt es mir hier nicht, aber ich bin sicher, dass dies für meine Seele essenziell ist. Ich kann und muss nicht jeden Schaden abwenden können. Ich bin hier um zu lernen. Und ich bin gut und richtig, genau so wie ich bin und genau da wo ich bin. Denn genau da soll ich auch sein."

Channelings – Tiere & Natur

Spirits Weisheit

Heute fanden mein Pferd „New Spirit" und ich mal wieder Zeit für einen gemütlichen Schritt-Ausritt. Es war einfach wunderschön im Wald und wir tauchten beide innerlich ein in diese Ruhe und liessen gemeinsam die Seele baumeln.

Wie so oft hielt „Herr Prof. Dr. Spirit" – er ist ein sehr weiser Mentor – auch heute eine wertvolle Botschaft für mich bereit. Und auch wenn es eine persönliche Botschaft war (und ich weiss genau, wieso diese genau heute kam), möchte ich es gerne teilen. Da die Botschaft eine Grundwahrheit enthält.

Als wir zum Abschluss noch das letzte Stück zu Fuss gingen, hielt er plötzlich an und machte kaum noch einen Wank. Anfänglich verstand ich nicht wirklich, was nun los war. Ich schaute ihn an und fragte: "Was ist denn?"

Er schaute mich mit seinem liebenswürdigen Blick an, dann blickte er in die Landschaft um uns herum und mir wurde klar, was er mir mitteilen wollte:

"Halte inne - und schau an, was Dich umgibt. Wenn Du immer nur auf den Weg und das Vorankommen fokusiert bist, verpasst Du womöglich das, was sich rundherum abspielt. Ein einzelner Moment, in dem Du innehälst und die Welt um Dich herum wieder bewusster wahrnimmst, bringt Ruhe in den manchmal hektischen Alltag."

Danke Spirit, dass Du immer mehr mein Fels in der Brandung bist und mich immer so viel lehrst...

Eine Botschaft von Noah (meiner Katze)

Mit Noah wollte ich eines Abends über den Sinn des Lebens sprechen. Als ich ihn danach fragte, stand er auf, ging fressen und meinte nur "ein anderes Mal". Er ist wie Katzen eben so sind: sehr eigensinnig.

Zwei Tage später begann er dann plötzlich von sich aus das Gespräch und meinte:
"Es gibt keinen Sinn des Lebens. Der Sinn des Lebens ist es, dieses hier geschenkte Leben vollends zu geniessen, einfach richtig zu leben.
Verschwende nicht Deine kostbare Zeit auf der Suche nach etwas, was nicht gefunden werden kann!"

Noahs Weisheit über Zukunftsängste

Aktuell herrscht eine sehr chaotische Zeit und viele von uns werden vom Leben im Moment sehr stark durchgeschüttelt.

Deshalb habe ich meinen Kater heute mal gefragt, was er zum Thema Zukunftsängste meint.

Und ich erhielt folgende Antwort:
"Wenn Du Angst vor der Zukunft hast. Vor was genau hast Du dann Angst? Kann man das anfassen? Nein - also ist auch die Angst nicht real. Es geht lediglich um Gedankenkonstrukte, die Dich verängstigen - es ist nichts was wirklich geschieht oder tatsächlich ist.

Vielleicht mag es so kommen, wie Deine Gedanken es Dir aufzeigen - aber trotzdem ist es jetzt noch nicht real. Deshalb fühlst Du Dich in so einer Angst auch oft gelähmt - weil Du gar nicht handeln KANNST, weil es nichts zu handeln gibt!

Erinnerst Du Dich, als Du als Kind Angst vor bösen Geistern oder anderen Wesen hattest? Da hatte man Dir auch gesagt, dass sie bloss Einbildung seien und Du keine Angst zu haben brauchst. Du hast diese Angst damals vielleicht überwunden, doch hast Du dabei nicht gemerkt, dass Deine Angst sich ein neues (erwachseneres) Konstrukt erschaffen hat - die Angst vor der Zukunft."

Dann habe ich weiter gefragt, was man denn seiner Meinung nach tun soll, wenn man von solchen Ängsten gequält wird.

Seine Antwort:
"Es ist wie beim Mäuse jagen. Oftmals seht ihr, wie wir Katzen stundenlang - beinahe zeitlos - vor einem Loch sitzen und warten.

Und genau darum geht es: Um Timing!

Wenn Du zu früh reagierst, dann wirst Du die Maus nicht fangen. Reagierst Du zu spät, fängst Du sie auch nicht. Man muss genau spüren, wann der richtige Zeitpunkt zum handeln gekommen ist. Und in der Zeit bis dahin geht es darum zeitlos zu werden, die Zeit als solches auszublenden und ganz im Moment anzukommen. Um dann den richtigen Zeitpunkt in vollem Bewusstsein wahrzunehmen, zu erkennen und entsprechend zu handeln."

Noahs Weisheit - Kurzmeditationen im Alltag

Immer mal wieder sitzt mein geschätzter Kater Noah einfach nur da - friedlich und zentriert.

Und wenn ich ihn dann frage, was er da tut, dann lautet die pragmatische Antwort: "Ich sitze..."

Dies ist an sich nicht weiter spektakulär, doch wenn man genauer darüber nachdenkt, liegt darin in meinen Augen eine wertvolle Botschaft.

Denn: Wie oft sitzen wir einfach da? Meistens sitzen wir doch "um zu...", also um zu essen, zu lesen, zu arbeiten, uns auszuruhen, usw.

Doch aus dem Akt des Sitzens können wir in unserem Alltag - genau wie mein Kater - kurze meditative Momente einbauen. Ganz einfach indem wir nichts weiter tun als bewusst zu sitzen, bewusst da zu SEIN, bewusst zu atmen, bewusst zu spüren, bewusst zu beobachten....

Lass auch Du Dich von der Weisheit der Katzen inspirieren und gönne Dir immer mal wieder einige Minuten Zeit für und mit Dir selbst. Zeit in der Du aus dem aktiven Tun heraus trittst und ins passive Sein ein trittst.

Botschaft eines Baumes

Ja auch Bäume können sprechen!

Dies stellte ich eines Morgens bei einem Spaziergang -selbst ein wenig überrascht- fest.

Im fahlen Licht des Morgens zog ein Baum meine Aufmerksamkeit auf sich. Also fragte ich ihn, ob er eine Botschaft für mich bereit hielte.

Seine Antworten erhielt ich in kurzen, einfachen Sätzen:

"Sei standhaft, wie ich.
Sei verwurzelt, wie ich.
Trotze den Gezeiten & Stürmen, wie ich.
Und nimm Deinen Dir angetrauten Platz ein, wie ich."

Botschaft eines Steines

Inspiriert von der Botschaft des Baumes, fragte ich nun auch einen Stein nach seiner Botschaft. Sie lautete wie folgt:

"Ich bin hart und stabil und wirke beinahe unzerbrechlich. Doch vergesst nicht, dass es die Weichheit des Wassers ist, die mich zu verändern vermag. Nichts ist unveränderbar - vergesst das nie!"

Eine zweite Botschaft erhielt ich unverhofft einige Tage später:

"Glaubt ihr wirklich, dass ich immer am selben Ort bleibe? Dann irrt ihr gewaltig… auch ich bewege mich stetig, und dies ganz ohne eigenen Antrieb. Man hebt mich auf, man wirft mich weg, Wasser trägt mich fort. Es gibt viele verschiedene Möglichkeiten wie ich bewegt werde.

Seht ihr mich nach einigen Tagen am selben Ort, an dem ihr mich ursprünglich gesehen habt? Möglicherweise nicht.

Bedenkt, der Fels, von dem ich stamme, war der Ursprung. Nun sind überall kleine Teile von ihm verteilt. Nichts bleibt stehen. Seht meine zweite Botschaft an euch: Lasst euch tragen vom Leben. Schaut wohin es euch führt wenn ihr euren eigenen Antrieb gänzlich weglasst."

Botschaft des Windes

"Ihr könnt mich nicht sehen und ich bin auch nicht greifbar. Und doch bin ich da.

Ihr erkennt mich in den sich bewegenden Bäumen oder in den Wellen, die ich verursache.

Und ihr könnt mich spüren mit eurem Körper.

Und doch seht ihr nie direkt mich, sondern nur meine Wirkung.

Wisset, dass manche Dinge da sind, auch wenn sie nicht direkt sichtbar oder fassbar sind.

Die (Aus-)Wirkung, welche ihr seht, ist nur ein Resultat dessen, was ihr nicht seht.

Verinnerlicht einen Teil meines Wesens. Seid unbändig, seid kraftvoll, seid aber auch ruhig und leise. Beides ist wichtig, beides ist Natur.

Mich kann man nicht einfangen und auch nicht lenken, so lasst auch euch niemals einschränken oder steuern. Seid wie der Wind, frei und ungezwungen.

In eurer Natürlichkeit, also so zu sein wie ihr seid – ungezwungen und pur - liegt euer Glück."

Channelings – geistige Welt

Trennung

„Wir finden es immer wieder spannend, wie Ihr versucht Dinge zu trennen, bei denen es keine Trennung gibt. Ihr glaubt, dass "das Andere" von Euch getrennt existiert, dass es nicht ein und dasselbe ist.

Manche glauben sogar, dass wir etwas anderes sind. Doch alles ist Bewusstsein - bewusstes Sein.

In unserer Essenz sind wir alle dasselbe und alles ist mit Allem verbunden. Die Trennungen erschafft Ihr selbst in Euren Köpfen."

Das Licht

„Heute wollen wir über das Licht sprechen.

Das Licht findet ihr in euch selbst, jederzeit und überall. Doch leider wählt ihr so oft die Dunkelheit, wählt die Unbewusstheit.

Unbewusstheit in dem Sinne, dass ihr vergesst wer ihr wirklich seid. Ihr seid nicht dieser Körper, ihr seid nicht euer Geist und ihr seid schon gar nicht euer Verstand. Ihr seid Lichtwesen – ein jeder von euch!

Auch diejenigen, die sich der Dunkelheit zugewandt haben. Vergesst nicht, dass die Menschen, die sich in der Dunkelheit befinden, dies oft genauso unbewusst machen wie ihr. Habt Mitgefühl und erinnert sie daran, dass auch sie das Licht in sich tragen.

Glaubt ihr wirklich, dass ihr dort aufhört, wo euer Körper aufhört? Glaubt ihr wirklich ihr seid getrennt von dem was um euch herum ist? Nichts von alledem ist so wie es scheint. Ihr seid lichtvolle Wesen – ihr habt es nur vergessen.

Erinnert euch daran wer und was ihr seid. Gerade in Momenten der Dunkelheit ist es so wichtig für euch, dass ihr euch rückbesinnt. Wenn ihr euch in der Dunkelheit bewegt, dann habt ihr dies immer gewählt! Manchmal bewusst, manchmal unbewusst. Aber ihr habt gewählt.

Erinnert euch daran, dass ihr grenzenlos seid. Verbunden mit allem und mit jeder Zeit.

Lasst euren Geist ruhen, fühlt in euch hinein, geht tief in euch, atmet. Und ihr werdet das Licht in euch wiederfinden.

Verbindet euch damit und konzentriert euch nur auf das! Vergesst die Gedanken, vergesst was ihr gelernt habt, vergesst was ihr zu wissen glaubt – all das verhindert nur, dass ihr euer Wahres Selbst erkennen könnt.

Wir sind hier und begleiten und beobachten euch. Es ist nicht wichtig wer oder was wir sind, wisst einfach, dass wir da sind.

Beginnt euch dem Gedanken zu öffnen, dass nichts so ist wie es scheint.

Wir lieben Euch."

In Freiheit geboren

„Ihr alle seid als freie Wesen, als freie Seelen geboren.

Doch was ist es, das Euch zu Lebzeiten in die Unfreiheit stürzt? Wo beginnt die Unfreiheit? Und wie kommt Ihr da wieder heraus?

Ihr Menschen seid Meister darin Euch vergoldete Käfige zu bauen und derweil merkt Ihr es oftmals nicht. Bis, ja bis ein Ereignis Eure bestehende Welt aus den Fugen geraten lässt und Euch zum nachdenken, zum nachsinnen zwingt.

Es sind jene Momente, die von den Menschen unachtsam „Tragödien" genannt werden, welche Eure grösste Chance auf Freiheit bedeuten. In diesen Zeiten entscheidet oftmals scheinbar das Leben für Euch was nicht gut für Euch ist und gibt Euch durch die Umstände im Aussen eindeutige Zeichen.

Doch ist es nicht so, dass Ihr bereits vorher Zeichen erhalten habt? War es nicht so, dass Ihr sie nicht sehen wolltet? Nagte da zuvor nicht irgendein Gefühl von Unzufriedenheit, von Unfrieden, in Euch, welches Ihr nicht wahrnehmen wolltet? Oder konntet Ihr es scheinbar einfach nicht zuordnen?

Nun, diese Fragen sind berechtigt. Und die Antworten sind genauso mannigfaltig wie die Fragen. Ihr erhaltet immer Zeichen, Ihr erhaltet immer Wegweiser. Doch wer die Umfahrungsstrasse nicht berücksichtigen will, dem droht unweigerlich früher oder später der Abgrund.

Doch vergesst nicht, dass der Sturz in die Tiefe ein Akt der Liebe ist. Ein Akt der Liebe des Lebens – ein Akt der Selbstliebe Eurer Seele. Das Leben möchte, dass Ihr Euch zu eurem höchsten Sein transformiert. Und wie bei Schmetterling und Raupe, muss sich oft erst etwas vollkommen verändern, vollkommen transformieren, damit die Schönheit – das wahre Sein – erblühen kann. Das, was Ihr Tragödien nennt, sind Geschenke des Lebens, Geschenke der Liebe. Doch durch Eure Gedanken und Verurteilungen könnt Ihr dies nicht erkennen.

In Euren Gedanken beginnt der Unfrieden. Dort liegt die Ursache all Eures Leides.

Ihr kamt zur Welt als reinste Liebe und euch wurde gelehrt, dass Ihr bewerten müsst. Um überleben zu können in der von Euch geschaffenen Realität, musstet Ihr lernen, was gut und was böse ist. Ihr fingt an, euer Wertsystem zu bilden.

Als Kinder konntet Ihr noch nicht selber Entscheidungen treffen, Ihr ward gezwungen die Wertsysteme eurer Eltern zu übernehmen – die bedingungslose Liebe euren Eltern gegenüber zwang Euch regelrecht dazu. Denn was Eure Eltern sagten, das war für Euch die Wahrheit. Noch konntet Ihr für Euch nicht abschätzen, ob es auch Eurer inneren Wahrheit tatsächlich entsprach. Doch heute könnt Ihr das! Als erwachsene Menschen könnt Ihr in jeder Sekunde prüfen, ob die Gedanken, die Ihr über etwas oder jemanden denkt, für Euch überhaupt wahr sind.

Wahrheit ist das, was sich im Herzen für Euch stimmig anfühlt. Wenn Ihr tief genug in Euch geht, werdet Ihr dort die Stimme des Herzens, das immerwährende Licht, finden und erhören. Doch wisset, dass die Stimme Eures Herzens, die Stimme der Liebe oftmals dem völligen Gegenteil Eures Denkens entspricht.

Das Wertesystem, das Ihr Euch aufgebaut habt, gibt Euch scheinbar Halt. Doch genau in Zeiten des Umbruchs, wie sie jetzt so zahlreich geschehen, merkt Ihr, dass Euch der Halt fehlt. Weshalb? Weil Ihr den Halt nur in Eurem Inneren, in Eurem Herzen finden könnt.

Doch Ihr hattet den Zugang zu dieser Höhle längst verschüttet, bewusst und hauptsächlich unbewusst. Doch Ihr könnt den Zugang wieder frei schaufeln und „nach Hause" kommen. Ihr werdet sehen, dass die Ankunft in Eurem Herzen euch den Frieden, die Ruhe und die Liebe bringt, nach der Ihr Euch stets gesehnt habt. Ihr werdet erkennen, dass alles bereits da ist! Dass alles was ihr zu suchen glaubtet, längst in Eurem Inneren vorherrscht.

Was ist es, das Euch zu anderen Menschen hinzieht? Es ist die Suche nach Anerkennung, die Sehnsucht nach Nähe und Geborgenheit, die Suche nach Sicherheit, die Suche nach Freude. Doch glaubt Ihr wirklich, dass Ihr all dies im Anderen suchen müsst? Ihr habt alles längst in Euch selbst! Und dort müsst Ihr es suchen, dort werdet Ihr es finden. Welch Freiheit erwartet Euch, wenn ihr vom Aussen nicht länger abhängig seid. Wenn Ihr das Gegenüber so sein lassen könnt, wie es sich Euch präsentiert?

Ihr seid als freie Wesen geboren – erkennt Eure wahre Grösse erneut! Es gibt nichts, aber auch gar nichts, was Euch aus eurer Mitte holen könnte, wenn Ihr eingekehrt seid. Aus Eurer sicheren Warte könnt Ihr das Aussen betrachten und was immer geschieht vorbei ziehen lassen. Wenn immer Euch etwas im Aussen berührt, aufwühlt, durcheinanderbringt, dann zeigt es Euch, dass ihr noch im Unfrieden, der Unfreiheit seid.

Seht es als Segen und dankt dafür, dass ihr erkennen dürft! Es sind Geschenke des Lebens, die Euch helfen mögen, dass ihr zurück auf Euren Euch angetrauten Pfad findet.

Man gab Euch einen freien Willen – doch was macht ihr damit? Ihr entscheidet Euch tagtäglich für Leid, für Schmerz, für Unglücklichsein, für eure Opferrolle. Doch wisst dies: Ihr könnt jede Sekunde neu wählen! Es steht Euch absolut frei. Steht auf, richtet Euch auf und entscheidet neu! Entscheidet Euch für die Liebe. Die Liebe zu Euch selbst, die Liebe zum Anderen, die Liebe zu allem was ist.

Nichts geschieht grundlos, absolut gar nichts. In jedem Moment den Ihr erlebt, steckt der tiefe Wunsch Eurer Seele dies zu erfahren. Heisst es mit offenen Armen willkommen, geht in Euch und schaut, welche Botschaft die Situation für Euch bereithält. Bewertet nicht! Spürt nur hinein und lasst es wirken. Wann immer Ihr die Botschaft nicht hört oder nicht hören könnt, sind es lediglich Eure Gedanken die zu laut sind und Euch die Stimme des Herzens nicht hören lassen. Geht in die Stille, horcht in Euch. Ihr werdet die Antworten finden.

Habt Geduld mit Euch – ihr bewegt Euch zwar in Eurem Zuhause, und doch ist alles neu, weil Ihr zu lange in einem selbstgebauten Käfig Zuhause ward. Ihr werdet Euch fragen: Ist das alles wirklich wahr? Kann ich meine Realität anders wählen? Mache ich mir nicht einfach etwas damit vor?

Lasst mich Euch darauf antworten: Habt ihr Euch nicht ein Leben lang etwas vorgemacht? Eure Eltern und alle die Euch prägten erzählten Euch was richtig und was falsch ist. Doch stimmte das für Euer Herz? Habt ihr Euch das je gefragt? Vermutlich nicht, denn die Angst vor der Ablehnung, dem Alleinsein ist viel zu gross bei Euch. Dabei ist diese Angst absolut unbegründet. Ihr klammert Euch an Dinge und Menschen und vergesst dabei die Verbindung zu Euch selbst.

Wann habt ihr Euch zuletzt still hingesetzt und einfach in Euch hinein gehorcht? Vermutlich habt Ihr dies kaum getan, denn das erste was Ihr bemerken würdet, wäre der in Euch vorhandene Unfrieden.

Doch da Ihr glaubtet, ohnehin keine Lösung zu haben, habt Ihr einfach nicht hingeschaut. Ihr glaubtet, indem Ihr wegschaut, würdet Ihr das Problem lösen. Doch dies ist jetzt vorbei. Es funktioniert nicht länger. Alles schwingt viel schneller und dadurch werden Prozesse beschleunigt, die früher Jahre, wenn nicht Jahrzehnte dauerten.

Ich sage Euch, die Lösung liegt in Eurem freien Willen. Ihr seid frei – jederzeit und überall. Frei zu sein, was Ihr wollt. Frei zu denken, was Ihr wollt. Frei zu fühlen, was Ihr wollt. Entscheidet weise!

Nehmt die Verantwortung für Eure Gedanken und Gefühle zurück. Ihr habt sie erschaffen, es sind eure Kinder. Gedanken sind Macht. Denkt oder fühlt Ihr unbewusst, so erschafft Ihr Leid. Keine Situation bedarf einer Bewertung, alles was ist, ist einfach. Macht es nicht schlecht, indem Ihr es bewertet. Verursacht nicht länger Leid, indem Ihr bewertet. Löst Euch von all Euren Vorstellungen, Euren Konzepten und geht durch das Nichts. Fürchtet euch nicht, denn Ihr alle werdet begleitet auf Eurem Weg. Nehmt Euch selbst bei der Hand und geht hindurch. Geht den Weg in die Freiheit – es wird höchste Zeit!

Die Angst oder die Furcht wurden Euch auf Eurem Weg eingepflanzt – Ihr habt es Euch einpflanzen lassen und Euer Leben lang mit Wasser und Dünger gefördert. Niemand ist Schuld an eurem Leben, so wie es sich Euch heute zeigt. Indem Ihr Euch für Unbewusstheit entschieden habt, habt Ihr Euch für Unfrieden entschieden. Und Ihr habt dafür Eure Freiheit aufgegeben. Dies ist es, was viele in sich spüren, dieses Nagen, diese innere Unzufriedenheit. Es ist die Seele, die zu Euch spricht und Ihre Freiheit zurück will! Gebt Euch nicht länger den Gedanken unbewusst hin – wählt neu!

Es geht nicht darum, Euch etwas schön zu reden. Es geht darum anzunehmen was ist. Das ist weder schön, noch schlecht, es ist einfach! Ihr lebt in einer Zeit, in der Euch in vielerlei Hinsicht alle Wege offen stehen. Nutzt diese Chance!

Ihr fragt Euch, was der Sinn des Lebens sei. Wir möchten es Euch erläutern: Um unsere Antwort zu verstehen, müsst ihr Euch erst fragen, weshalb ihr einen Sinn sucht. Diese Suche gründet ebenfalls im Verlust des ICHBIN. Weil ihr die Verbindung zu Eurem inneren Reichtum aufgegeben habt, beginnt Ihr im Aussen zu suchen. Wir haben dies bereits weiter oben erklärt. Und die sogenannte Suche nach dem Sinn des Lebens stellt nichts Anderes dar, als die vergebliche Suche nach einer Antwort im Aussen. Lasst Euch sagen, dass Ihr nicht fündig werdet. Es gibt keinen Sinn für Euer Dasein, so wie ihr ihn sucht. Euer Dasein dient lediglich der Erfahrung, der Erfahrung des ICHBIN. Und dies sollte für Euch Sinn genug darstellen.

Es geht nicht darum, etwas zu erreichen, jemand zu werden. Es geht nur um Eure eigene Erfahrung mit Euch selbst. Mit Euch allein! Findet heraus, wer Ihr wirklich seid, kehrt nach Hause zurück. Lasst Euch vom Licht der Liebe in Eurer Seele durchfluten und durchbrecht die Mauern, die ihr um Euch herum gebildet habt.

Dies sei vorerst genug."

Veränderungen, Angst und das Licht

„Viele von Euch befinden sich zur Zeit in einer Phase des Umbruchs, der Veränderung und des Loslassens. Was schon vor langer Zeit begann, wird nun immer intensiver. Die Zeit scheint immer mehr geladen von Energie und was früher lange Zeit benötigte, geschieht heute in einem Wimpernschlag.

Die Veränderungen bewirken in vielen von Euch auch Angst, doch diese Angst ist unbegründet. Dient jede Veränderung am Ende doch nur Eurem höchsten Wohl. Es ist der Widerstand in Euch selbst, der den Schmerz auslöst. Der Euch vergessen lässt, dass ihr geführt seid und darauf vertrauen könnt, dass alles auf Eurem Weg zu Eurem Wachstum beiträgt.

Wenn ihr den Widerstand in Eurem Inneren auflösen könnt, dann könnt ihr auch den Schmerz auflösen und die Angst loslassen.

In Momenten in denen ihr den Boden unter den Füssen zu verlieren glaubt, ist es umso wichtiger, dass ihr Euch an Euren Atem erinnert. Denn der Atem hilft Euch, Euch wieder zu verbinden – mit Euch selbst, mit dem Moment und gleichzeitig mit allem was ist.

Haltet Euch das Bild des Kreises vor Augen – der Kreis ist eine höchst magische Figur. Er kennt keinen Anfang und kein Ende und zeigt sich in perfekter Balance und Symmetrie. Genauso ist es mit Euch selbst.

Anfang und Ende sind Dimensionen, die ihr geschaffen habt um in der Welt Struktur zu schaffen. Doch Schritt für Schritt werden viele der gewohnten Strukturen nun zerbrechen – ja teilweise sogar zerbersten. Lasst Euch nicht entmutigen, sondern wählt stattdessen Euch treiben und führen zu lassen. Öffnet Eure Herzen um Euch zu verbinden mit allem was ist – dem Kreis. Dem Kreis des Lebens, dem Kreis des Seins und dem Kreis des All-Eins-Seins.

Häufig ist es auch die Angst vor einem vermeintlichen Ende, die Euch quält. Doch erinnert Euch auch hierin an den Kreis. Nichts geht wirklich zu Ende. Aber Alles verändert sich.

Das Ändern der bekannten Form ist kein Ende, sondern eine Transformation, ein Wechsel. Nichts endet wirklich.

Befreit Euch von Euren Ängsten und schenkt Euch das Vertrauen, das ihr selbst braucht um sogar im Sturme standhaft zu bleiben. Nur ihr selbst könnt Euch das geben, was ihr selbst so dringend benötigt. Es ist Eure Aufgabe, ja gar Eure Pflicht, Euch dies alles und noch viel mehr selbst zu schenken. Wählt die Liebe und entscheidet Euch bewusst dafür – wenn ihr es nicht tut, wer soll es dann tun?

Erkennt den Schöpfer in Euch selbst. Erkennt, dass ihr Euer Boot selbst steuert. Erkennt Eure Macht Euer Leben so zu gestalten, wie es im Sinne der Liebe ist.

Liebe verbindet – Angst trennt.
Liebe macht stark – Angst schwächt.
Liebe vertraut – Angst ist besorgt.

In dieser Dualität geht es nicht darum nur noch im Einen zu sein, denn Dualität bedeutet, dass beides vorhanden ist und beides zum Gesamten gehört.

Die Angst könnt ihr nur kennen, wenn ihr die Liebe auch kennt – und umgekehrt. Versucht daher nicht die Angst zu vermeiden, sondern wählt im Zustand der Angst einfach neu.

Eure Befreiung liegt nicht darin, das Unangenehme aus Eurem Leben auszuschliessen oder gar zu verbannen, sondern den Frieden darin zu finden.

Sucht nicht nach dem Licht, seid das Licht – für Euch selbst und alles was Euch umgibt!"

Kontakt

Du möchtest genauer erfahren, wer hinter Wolfsgeist und diesem Buch steckt? Oder möchtest Du vielleicht sogar mit mir in Kontakt treten?

Dann freue ich mich auf einen Besuch von Dir auf meiner Homepage oder auch ein Email von Dir ☺

Kontaktangaben und weitere Informationen über mich und meine Tätigkeit findest Du unter:

www.wolfsgeist.ch